태권도 투기에서 공연예술로

- 태권도시범의 현대사 -

나채만 지음

이문출판사

태권도, 투기에서 공연예술로

편낸곳/이문출판사 ‖ 변경등록:1994. 6. 3. 제7-20호
발행인/지경원 ‖ 지은이 • 나채만 ‖ 초판 발행/2014년 9월 27일
주소/705-800 대구시 남구 중앙대로40길 11-14 ‖ 121-846 서울 마포구 월드컵북로 66
전화/02) 359-8250, 053) 624-3113 ‖ 팩스/02) 359-8251
값 16,000 원
ISBN 978-89-7334-162-7 93690

저자 서문

역사는 변화를 전제로 하며, 변화라는 것을 무시하고서는 존재하지 못한다. 왜냐하면, 역사는 변화된 하나의 계통적인 부문에서 과거를 현실에 조명할 수 있는 능력을 부여함으로써 진화된 발전을 가져올 수 있다. 그래서 변화하지 않는 것은 역사학의 대상이 될 수 없다. 저자가 역사 연구의 대상으로서 "태권도시범"을 선정한 이유 역시 그것이 계속해서 진화하고 발전해 왔기 때문이다. 태권도시범은 60년이라는 짧은 시간 동안에 많은 변화와 진화를 거듭하여 태권도의 위력과 기술적 탁월성, 정신적 깊이, 미적 특성, 예술적 성격, 한국문화의 특수성, 국제적 보편성을 추구하고 이것들을 다양한 방식으로 재현해 내는 행위예술로서 한국을 대표하는 문화상품으로 탈바꿈했다. 이러한 태권도시범의 변화는 낡은 질적 상태에서 새로운 질적 상태로, 단순한 것에서 복잡한 것으로 옮겨가는 것을 의미한다.

현 시대에서 한류 문화의 새로운 트렌드가 된 태권도시범이 어떤 경로를 통해 창발적 진화를 가져왔는지 추적하는 작업은 태권도의 정체성을 유지하고, 앞으로 새로운 태권도시범 문화를 만들어 나가야 하는지를 구상하는 데도 필수적으로 요구되는 작업이다. 그럼에도 불구하고 태권도 구성원뿐만 아니라 체육계, 정부산하 단체에서도 한국의 문화콘텐츠로서 중요한 역할을 담당하고 있는 태권도시범을 역사학적 관점에서 분석하거나 성찰하고 객관화하는 작업은 극히 미미하였다.

이 책은 저자가 박사학위논문의 성과물인 '광복 이후 태권도시범의 변천과정에 관한 연구'를 가지고 진행한 것이다. 그래서 이 책자는 형식과 내용면에서 논문의 성격이 강하게 나타난다. 역사를 기술한다는 것은 사실적, 객관적 관점에 따라 역사적 사건과 관련된 자료(사료)를 취합하여 선택하고, 선택된 자료를 토대로 과거의 사건을 객관적 사실에 근거하여 재구성하는 일이다. 문제는 이 재구성 과정에서 연구자의 주관적인 시각의 개입은 완전히 피할 수 없다. 이런 의미에서 저자의 연구 과정은 객관성이 떨어질 수 있으며, 태권도시범의 변화 양상에 초점을 맞추었기 때문에 태권도 전반에 관한 모든 현상을 취급하지 못한 한계점이 있다.

저자는 이 책을 총 8장으로 구성하였다. 제1장에서는 '왜? 태권도시범인가'라는 제목 하에 집필 동기를 서술하였고, 태권도시범을 연구함에 있어 시대구분은 어떻게 할 것인지 검토하여 광복 이후부터 현재까지의 시기를 다섯 단계로 나누어 각 시대별로 다룰 주요 변화 내용은 무엇인지를 살펴보았다. 제2장에서는 태권도시범은 어떠한 의미를 가지며, 태권도시범의 구분은 어떻게 되는지를 소개하였다. 제3장에서는 태권도시범이 태동하는 시기로서 광복 이후부터 1960년대까지 일어난 광복과 기간도장의 태동, 한국군 베트남전 파병, 국제태권도연맹(ITF)

창설 등의 사건을 중심으로 태권도시범의 변화 상황을 다루었다. 제4장에서는 국기원 건립과 김운용 체제의 등장과 세계태권도연맹(WTF) 창설, 제정 품새의 보급 등과 같은 사건으로 말미암아 성장하게 되는 1970년대를 설명하였다. 제5장에서는 '86서울아시안게임과 '88서울올림픽대회의 유치, 경기태권도의 활성화, 대학에서 태권도학과를 개설하게 됨으로써 태권도시범이 한 단계 더 도약하는 1980년대를 다루었다. 제6장에서는 이규형의 단장부임과 태권도한마당대회의 개최, 사설시범단의 등장과 같은 사건들로 인해 태권도시범이 정착되는 1990년대를 서술하였다. 제7장에서는 태권도가 문화상품으로 발돋움하고, 태권도시범 단체의 양적 증가로 태권도시범이 공연 예술화되어 태권도시범이 더욱 융성해진 2000년부터 현재까지의 변화 상황을 고찰하였다. 마지막 제8장에서는 지금까지 살펴본 광복 이후부터 현재까지 태권도시범의 변천과정을 종합적으로 살펴보았으며, 앞으로 나아갈 방향을 모색하였다.

태권도관련 서적 중에 꼭 필요한 책이 없다는 현실이 안타까워 시작한 작업이라 서두르다 보니 좀 더 다듬어야 할 곳을 놓친 듯도 하고, 턱없이 부족한 자료와 과정의 부족함으로 인해 태권도시범의 전반을 다루지 못한 점도 아쉬움으로 남는다. 그러나 이는 앞으로 계속 연구할 것을 다짐하며, 다소 부족한 점이 있더라도 이런 책을 기다려 온 독자들,

그리고 태권도와 관련된 대학에서 태권도사 및 태권도시범론 등의 강의를 담당하고 있는 교수님들과 여기에 참여하고 있는 학생들에게 유용한 역사문헌으로 기여할 수 있으면 더 이상의 보람이 없을 것이다.

끝으로 이 책이 완성되기까지 많은 분들이 도움을 주셨다. 먼저 여러 가지로 부족함이 많은 저자에게 아낌없는 조언과 지원을 해주시는 송형석 교수님께 감사의 말씀을 드린다. 뿐만 아니라 친구이자 동료 학자로서 도움을 주고 있는 이주화 선생, 미흡한 원고임에도 기꺼이 출판을 허락해 주신 이문출판사의 지승원 선생님, 표지 디자인을 위해 수고한 최연주 양에게 감사의 말씀을 전하고 싶다. 그리고 묵묵히 뒷바라지 해주신 부모님과 동생이 학문의 길을 걸을 수 있도록 돌봐주신 형님 내외분 나채관, 이창경님에게 이 지면을 빌어 감사의 말씀을 드린다.

2014년 9월

계명대학교 성서캠퍼스에서

나채만

목 차

제1장

프롤로그

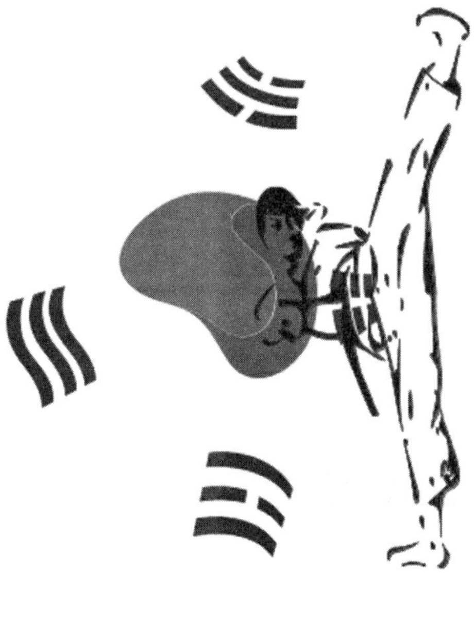

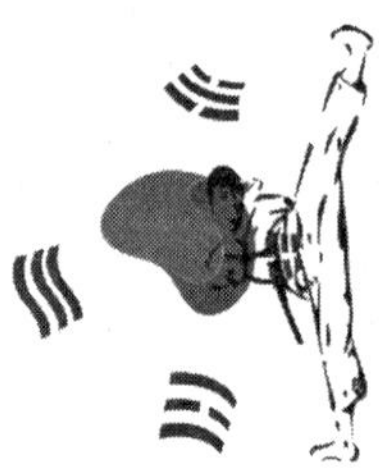

제1절 왜! 태권도시범인가?

태권도는 한국 고유의 무도에서 출발해 전 세계인으로부터 사랑받는 스포츠로 발돋움하였고, 작금에는 단순한 무도적 가치를 뛰어넘어 한국의 역사와 철학, 언어와 생활양식이 잘 내포된 한류문화의 첨병으로서 한국적 역동성과 정체성을 가장 잘 표현하고 있는 대표 문화 상품이 되었다.

태권도는 한류문화 첨병으로써 이미 1950년대부터 세계인에게 한국과 한국문화를 알려왔고, 이 과정에서 가장 중추적인 역할을 담당했던 것이 바로 "태권도시범"이었다. 그렇다면 태권도시범이 중추적인 역할을 담당할 수 있었던 이유는 무엇일까? 그것은 기본동작, 품새, 겨루기, 격파, 호신술 및 특기기술과 같은 태권도의 여러 장점들만 결부시켜 화려하고 역동적으로 구성하여 태권도의 진면목을 전 세계인들에게 보여줌으로써 이들의 이목을 한국과 태권도에 끌어 들였기 때문이다. 그리하여 태권도가 전 세계로 보급됨은 물론 오늘날 태권도가 올림픽 정식종목으로 채택되고, 민간외교 사절단으로써 한국과 한국문화를 알릴 수 있었다.

그렇다면 현재 태권도시범이 태권도의 핵심적 부분으로 자리 잡고, 체계화될 수 있었던 배경은 무엇인가? 그 배경은 바로 태권도시범단이라고 할 수 있다. 1958년에 한국 정부가 베트남으로 파견하기 위해 국군 태권도시범단을 결성하게 되면서부터이다. 이후 태권도시범만을 전문적으로 수련하는 이들이 생겨났으며, 1974년에는 국기원시범단이 창단되어 이들을 통해 태권도시범 기술은 비약적으로 발전하고 특화될 수 있었다. 또한, 1980년대 들어서는 국내 여러 대학에 태권도학과가 개설되면서 대학별 자체 태권도시범단이 생겨났고, 그 후 1990년대에는 코리언타이거즈 같은 사설 시범단도 결성되었다. 한편, 1990년대 초부터 개인 및 단체의 시범 실력을 겨루는 태권도시범경연대회가 겨루기대회와는 별도로 개최되기 시작했다. 이후 시범경연대회의 개최를 통해 새롭고 다양한 태권도시범 기술이 소개되었으며, 여기서 소개된 독특한 기술들은 대회 참가자들을 통해 태권도수련자들에게 빠르게 전파될 수 있었다.

그러면 태권도시범이 실현하려고 하는 궁극적 목적과 방향은 무엇이었을까? 초창기에 이루어진 태권도시범은 관을 홍보하기 위해 각 관(도장)의 무력 과시에 초점이 맞추어져 있었다면, 1970-1980년대에는 태권도를 경기화, 즉 무도스포츠로서 홍보하는 데 중점을 두고 행해졌다. 이후 1990년대는 태권도시범이 민간 외교의 수단으로 활용되었을 뿐만 아니라 동작의 심미성과 기술의 완벽성을 추구하는 양식으로 변화하였다. 2000년대부터 태권도시범은 이와 같은 심미화 과정을 통해 행위예술의 한 장르로서 대한민국을 대표하는 문화 상품1)으로 진화

1) 대표적인 태권도시범 공연인 '탈(TAL)'은 태권도와 한국무용, 난타 등을 접목한 퍼포먼스형식이다. '탈(TAL)' 공연단은 전 세계 20여 개국을 돌며 태권도의 우수성과 미적 요소를 알리는 데 주력하고 있다. 또한, 서울시에서는 종주국을 찾는 세계 태권도관광객들을 대상으로 특별한 관광 상품을 개발하며 큰 호응을 얻고 있다. 서울시로부터 정기적 공연을 의뢰받은 국기원 태권도시범단과 미동초등학

하는 등 태권도와 한국을 전 세계에 알리는 효율적인 홍보수단이 되었다. 이러한 연유에서 작금의 태권도시범은 과거 '단순한 실연적 시범(Demonstration)'이라는 개념에서 벗어나 하나의 예술적 가치로 보는 '행위 예술적 차원의 시범(Performance)'으로 해석되고 있다(김태상, 2005; 박진수, 2011).

이상에서 살펴보았듯이 태권도시범은 60년이라는 짧은 시간 동안에 변이, 선택, 재안정화의 진화과정을 거쳤음을 알 수 있다. 태권도시범의 이러한 변화는 미미한 질적 상태의 변화에서 새로운 또는 확고하고 응축된 질적 상태로, 즉 단순한 것에서 복잡한 것으로 시대적 의미가 옮겨진 것을 의미한다.

이러한 상황에서 저자는 광복 이후 태권도시범이 어떤 과정을 통해 변화해왔으며, 그와 같은 변화에 직간접으로 영향을 미친 태권도의 주변 환경은 어떠했고, 그 결과 변모된 태권도시범의 형식과 내용은 무엇인지 탐구해야할 필요성을 절감하게 되었다.

과거는 미래의 거울이라고 할 수 있다. 태권도시범의 과거, 즉 태권도시범이 어떤 경로를 통해 발전해왔는지를 추적하는 일은 태권도시범이 앞으로 어떻게 발전해 나가야하는지를 구상하는 데도 필수적으로 요구되는 작업이다.

교 어린이 태권도시범단은 2007년 3월 24일부터 현재까지 정기적으로 태권도시범을 펼쳐왔으며, 여기에 세계적 명성을 지닌 사설 태권도 공연 팀인 코리언타이거즈도 가세하여 대중과 호흡하는 태권도 문화공연을 제공하고 있다. 이와 같은 시범공연의 활발한 전개를 통해 태권도는 외국인 관광객의 유치 및 확대에 적지 않은 기여를 하고 있다.

태권도시범은 국내외 태권도환경을 종합적으로 고려해볼 때 전통의 유지와 새로운 변화의 모색이라는 이중적 요구에 직면해 있으며, 이로 인해 여러 유형의 갈등이 불거지고 있다. 이러한 이유로 말미암아 저자는 광복 이후 태권도시범의 변천 과정이라는 연구서를 통해 태권도시범의 과거를 차분하게 되돌아보고, 향후 발전 방향을 가늠해 보고자 하였다.

이에 본 저자는 태권도시범의 변화 과정을 분석, 고찰하기 위해 광복 이후부터 현재까지의 시기를 태동기, 성장기, 도약기, 정착기, 융성기 다섯 단계로 시대를 구분하였으며, 광복 이후부터 현재까지 태권도시범의 변화과정을 이해하고 기술하기 위해 다음과 같이 연구문제를 설정하였다.

첫째, 태동기(광복 이후부터 1960년대까지)

이 시기의 사회적 상황은 어떠했고, 당시 태권도와 태권도시범을 규정했던 주요 사건은 무엇이었으며, 그 시대의 태권도시범은 형식과 내용 면에서 어떤 의미를 지니고 있었는가?

둘째, 성장기(1970년대)

1970년대의 사회적 상황은 어떠했고, 당시 태권도와 태권도시범에 영향을 미친 주요 사건은 무엇이었으며, 그 시대의 태권도시범은 형식과 내용 면에서 어떻게 변화하였는가?

셋째, 도약기(1980년대)

1980년대의 사회적 상황은 어떠했고, 당시 태권도와 태권도시범에 영향을 미친 주요 사건은 무엇이었으며, 그 시대의 태권도시범은 형식과 내용 면에서 어떻게 변화하였는가?

넷째, 정착기(1990년대)

1990년대의 사회적 상황은 어떠했고, 당시 태권도와 태권도시범에 영향을 미친 주요 사건은 무엇이었으며, 그 시대의 태권도시범은 형식과 내용 면에서 어떻게 변화하였는가?

다섯째, 융성기(2000년부터 현재)

이 시기의 사회적 상황은 어떠했고, 당시 태권도와 태권도시범에 영향을 미친 주요 사건은 무엇이었으며, 그 시대의 태권도시범은 형식과 내용 면에서 어떻게 변화하였는가?

제2절 태권도시범의 시대구분과 시대별 주요 변화 내용

역사를 연구함에 있어서 중요한 문제 중 하나는 시대구분이다. 시대구분은 역사가 시간적으로 뿐만 아니라 공간적으로 연속해서 이어지기 때문에 시대적 상황의 명확한 이해와 상세한 분석을 위해서 필수적으로 취해져야만 하는 인위적 조처이다. 이런 의미에서 시대구분은 사실이 아니라 하나의 필요한 가설 혹은 사상의 도구에 불과하다고 말할 수도 있다. 그러나 부단한 과거의 시간적 흐름을 구획지어 생각하지 않으면 역사의 이해는 명확해질 수 없다. 그런 이유에서 시대구분은 역사 연구의 필수적인 것이 된다.

시대를 구분하는 방법에는 크게 두 가지가 있다. 첫째, 인간의 행위에 중점을 두고 역사를 사건의 연속(連續)으로 생각하는 입장인데, 여기서는 연속이 어디서 단절(斷切)되는가에 초점을 두고 시대를 구분한다. 둘째, 시대를 인간의 행위에 중점을 두지 않고 일반적인 동태(動態)에 중점을 두고 구분하는 방법이 있다(강영선 외, 1988). 본 연구서에 적용된 시대구분은 첫 번째 방법이다. 즉 전쟁이나 왕조의 붕괴 및 탄생 같은 일반적 동태가 아니라 태권도시범을 수행한 인간들의 행위에 초점을 두고 그들의 변화과정을 명확하게 하기 위하여 시대를 구분하였다. 이와 같은 시대 구분은 역사 자체에 속해 있는 객관적 속성이라기보다는 연구자가 반세기동안 이어져온 태권도시범의 변화과정을 적절하게 서술하기 위해 인위적으로 도입한 것이다. 이와 같은 시대구분은 연구자의 주관적이며 임의적인 선택에 따른 것이지만 그것은 행위자 및 사건들과 관련하여 차별화된 시대적 특성을 기반으로 설정되었기 때문에 객관적 타당성을 가질 수 있다.

역사는 변화를 전제로 한다. 변화하지 않는 것은 역사학의 대상이 될 수 없다. 태권도시범이 역사 연구의 대상이 된 것 또한, 그것이 계속해서 변화해왔기 때문이다. 그러한 변화의 동인은 대개 문화적 진화의 배경이 된 시대 및 사회적 환경이었다. 이렇게 볼 때 태권도시범의 역사를 구성하는 요인은 크게 외부 환경과 내부 요소라는 두 가지로 압축될 수 있다. 태권도시범을 둘러싼 사회 및 시대적 변화과정과 태권도계의 상황들이 외부 환경에 속한다면, 이와 같은 외부 환경에 의해 직접 및 간접으로 영향을 받아 변화하는 태권도시범의 형식과 내용이 내부 요소를 구성한다고 할 수 있다.

앞에서 언급했듯이 역사학의 시대구분은 하나의 가설(假說)로서 사상의 도구이고, 역사의 이해와 서술을 돕기 위한 수단이며, 하나의 현실이기보다는 마음속의 개념이다. 이러한 시대 구분은 입증된 역사적 사실에 입각하여 논리적 일관성과 역사적 사실의 시간적, 공간적 연속성에 의해 이루어진다(조명렬, 노희덕, 나영일, 1996). 따라서 본 연구자는 광복 이후부터 현재까지 태권도시범의 변천과정에 대한 의미 있는 시대구분 준거를 마련하기 위하여 태권도의 역사서술과 관련하여 이루어져 온 선행 연구의 시대 구분 방법들을 우선적으로 검토하였다.

먼저 태권도 전체의 역사를 기술하고 있는 문헌들에서 사용하고 있는 시대구분을 살펴보았다. 기존 태권도사의 시대구분은 한국 일반사의 구분 방식을 그대로 차용한 것이다. 예를 들면 『국기 태권도교본』(국기원, 1992)는 고대(-삼국시대까지), 중세(고려시대), 근세(조선시대-1945), 현재(1945-)로 시대구분을 하고 있다. 김철(1997)은 상고시대, 삼국시대, 고려시대, 조선시대, 근세 및 현대로 시대구분을 하였으며, 김경지(1993)는 삼국시대 이전, 삼국시대, 고려시대, 조선시대, 현대로 시대구분을 하였다.

다음으로 태권도의 현대사 기술에 적용된 시대구분의 사례를 검토해 보도록 하자. 태권도 경기규칙의 변화과정을 연구한 한창효(2000)는 태권도 현대사를 모두 네 단계로 구분하고 있다. 그는 광복 이후부터 1962년 이전까지를 제1기로 칭하였는데, 그 구분의 근거로 태권도가 전국체전 정식종목으로 등록된 사건을 제시하였다. 또한, 그는 1962년부터 1972년까지를 제2기라 칭하였는데, 그 기준이 된 사건은 1973년의 세계태권도연맹[2]의 결성이었다. 그는 제2기를 태권도 경기규칙의 태동기라고도 불렀다. 제3기는 1973년부터 1988년까지라고 하였는데, 그 이유는 태권도가 '88서울올림픽대회 시범종목으로 채택되었기 때문이라고 하였다. 그는 이 시기를 세계태권도 경기규칙의 조성시기라고도 불렀다. 제4기는 1988년 '88서울올림픽대회 이후부터 현재까지라고 하였는데, 이 시기에는 올림픽대회 태권도 경기규칙이 정착되었다고 하였으며, 그런 이유에서 이 시기를 세계 태권도 경기규칙의 정착기로 명명하였다.

태권도가 한국의 문화외교 수단으로 활용되어왔다는 점을 집중적으로 탐구한 신창화(1993)는 태권도 현대사를 네 단계로 나누었다. 그에 따르면 제1단계는 1940년 초반부터 1960년대 초반까지로 해외침투 단계라고 칭했고, 제2단계는 1970년대 초반까지로 해외정착 단계, 제3단계는 1970년대 초반부터 1980년대 초반까지로서 세계화 완료단계, 제4단계는 1980년대 초반부터 현재까지로서 태권도가 더 이상 한국만의 스포츠가 아닌 세계인의 스포츠로 인식되어지고 있는 단계로서 종주국의 위상을 상실하기 시작한 초기 단계라고 명명하였다.

황건수(2001)는 태권도 현대사를 '88서울올림픽대회를 기점으로

---

2) World Taekwondo Federation-WTF: 이하 WTF로 칭함.

올림픽대회 이전과 이후로 시대구분을 하였다. 양현석(2004)는 1945년 광복 이후부터 1960년대까지를 요람기로, 1961년부터 1979년 박정희 정권까지를 태권도의 성장기로, 1980년대부터 1990년대까지를 정착기로, 2000년대에 이르러서 올림픽대회를 통한 세계화를 안정기로 명명하였다.

이상에서 살펴보았듯이 기존의 문헌에서 태권도의 역사를 시대 구분한 사례를 적지 않게 찾아 볼 수 있다. 그러나 태권도시범의 발달과정을 시대별로 구분하여 정리한 선행연구는 단지 3편에 불과하다(장권, 2002; 양현석, 2006b; 최광근, 2011). 이와 같은 선행연구의 시대구분 방식을 살펴본 결과는 다음과 같다.

장권(2002)는 태권도 연무시범의 변천과정을 알아보기 위해 태권도시범의 발달과정을 초창기와 발전기로 구분하였다. 그는 광복 이후부터 태권도시범이 시작되어 비교적 조직화되지 않았던 1978년까지를 초창기로 보았으며, 1978년 이후 태권도시범단이 비교적 조직적으로 구성되어 활발할 활동을 펼쳐왔던 현재까지를 발전기로 보았다. 장권은 태권도 발달과정을 두 시기로 나눈 이유를 두 가지 측면에서 설명하고 있다. 첫째, 광복 이후 여러 개의 분파로 나뉘어져 관(館)중심으로 운영되던 태권도가 1979년 대한태권도협회로 통합되면서 태권도용어, 기술, 지도방법 등이 통일되었기 때문에 그 이전과 이후의 시범 양상이 판이하게 달라졌다는 것이다. 둘째, 연무시범이 있을 때마다 각 관에서 1명, 2명씩을 추천하여 시범을 시행하던 이전의 형태에서 1979년부터 대한태권도협회 소속의 국가대표 태권도시범단이 정식으로 선발되어 활동을 시작하게 되면서 태권도시범의 형식과 내용이 크게 바뀌었다는 것이다.

양현석(2006b)은 태권도시범의 역사를 총 세 시기로 구분하였다. 그는 태권도시범단이 베트남에 파견되어 해외에서 처음으로 소개되었던 1959년부터 국제태권도경기대회가 개최되기 시작하면서 태권도에 대한 홍보가 대두되던 1970년대까지를 태권도시범의 태동기로 보았고, '86서울아시안게임과 '88서울올림픽대회를 유치한 1980년대부터 태권도가 올림픽대회 정식종목으로 채택되었던 1994년까지를 발전기로 보았으며, 1994년 이후를 정착기로 명명하였다.

최광근(2011)은 우리나라에서 처음으로 구성된 한국 태권도시범단인 국군태권도시범단이 해외(베트남·대만)에 파견되어 태권도시범을 최초로 선보인 1959년 3월 12일을 시작점으로 태권도의 홍보가 활발하게 전개되었던 1979년까지를 태동기로 보았으며, 1980년 국제올림픽조직위원회로부터 태권도가 국제경기종목으로 승인되어 시드니 올림픽대회 정식종목으로 채택되기 전인 1999년까지를 도약기로 보았다. 그리고 태권도가 2000년 시드니올림픽대회 정식종목으로 채택된 이후부터 2010년 현재까지를 발전기로 보았다.

어떤 분야의 역사를 시대별로 구분한다는 것은 역사의 전개과정을 특정한 관점에 따라 이해하고 구별하다는 의미이다. 그리고 시대구분은 특정한 영역의 발전내용과 내부구조 또는, 그 영역에 내재된 사상과 이념 등을 중심으로 하여 이루어져야 한다. 이러한 측면에서 보았을 때 위 세 가지 연구에 적용된 시대구분은 각 저자들이 제시한 시대별 특징을 그 구분의 준거로 삼은 것일 뿐, 그 특징들은 태권도시범의 본질적인 성격을 제대로 반영해주지 못하고 있다. 위 세 종류의 연구에 적용된 시대구분의 문제점을 조금 더 구체적으로 짚어보면 다음과 같다.

장권(2002)은 태권도시범이 시작된 시점과 시범단이 창단되었던 시점에 초점을 맞추어 시대를 구분하고 있는데, 이와 같은 시대구분 방식은 태권도연무시범의 변천과정을 살펴보는 데 몇 가지 한계가 있다. 첫째, 장권의 시도는 시대를 구분함에 있어서 시범단의 창단 시기에만 초점을 두고 있기 때문에 태권도시범 전반에 대한 체계적인 상황을 파악하는 데는 적절하지 않다는 점이다. 둘째, 장권에 의해 구별된 시대는 각 시기별로 기간, 특히 발전기부터 현재까지의 기간이 너무 길뿐만 아니라 변화 과정의 내용을 너무 포괄적으로 다루고 있기 때문에 태권도 시범의 변화에 대한 전반적인 특징을 제대로 드러내주지 못하고 있다. 셋째, 시대 구분의 논리적 근거가 명확하게 제시되어 있지 않기 때문에 태권도시범이 어떤 계기에 의해 어떻게 변화되었는지 구체적으로 알기를 원하는 이들에게 충분한 답변을 제공해주지 못하고 있다.

양현석(2006b)은 시대를 구분함에 있어서 국제 규모의 태권도시범 행사에 초점을 맞추고 있는데, 이 경우에도 장권의 경우와 마찬가지로 다소간의 문제점이 발견된다. 첫째, 국제적인 태권도 시범행사의 개최 시점만을 고려하여 시범의 발달과정을 구분했기 때문에 그의 시대구분에는 태권도시범의 전반적인 변화과정이 충분히 반영되지 못하고 있다. 둘째, 시대를 구분함에 있어서 국제적 행사의 개최 시점만을 부각시킨 나머지 시간 비율을 적절하게 고려하지 못하고 있다. 예컨대 태동기에는 20년 이상의 시간을 배정해 놓은 반면에 발전기에는 14년만을 배정해 놓고 있다. 이와 같은 시간적 비율의 차이는 기술될 내용의 차이로 이어질 우려가 있다. 즉 특정 시기에는 많은 내용이 다루어지는데 반해 다른 시기에는 적은 내용만이 다루어지게 되는 내용상의 불균형이 초래될 수 있다.

최광근(2011)은 국제 경기종목 채택이나 올림픽대회 정식종목 선정 같이 태권도를 변화시킨 일련의 사건들과 환경적 요인들을 근거로 하여 시범의 발달과정을 세 시기로 구분하였다. 이와 같은 시대구분은 두 가지 이유에서 태권도시범에 대한 구분으로서 적합하지 않다. 첫째, 태권도의 발달과정에서 나타난 주요 사건을 근거로 하여 시대를 구분하였기 때문에 태권도시범의 발달과정에서 나타난 변화나 기술적 특징을 명확하게 살펴보는 데는 다소 문제가 있기 때문이다. 둘째, 장권, 양현석의 시대구분과 마찬가지로 최광근의 구분은 시대별 기간의 길이를 너무 길게 잡았기 때문에 태권도시범에 나타난 형식 및 내용의 정확한 변화 상황을 기술하는 데는 적절하지 않은 것으로 파악되기 때문이다.

이상에서 살펴보았듯이 선행연구의 시대구분은 태권도시범의 발달과정을 서술하는 데 있어서 각기 장단점이 있으나 본 저자는 기존의 시대구분에 다소간의 변형을 가하여 시대적 변화 상황과 태권도에 영향을 미친 굵직굵직한 사건 및 인물들을 시대구분의 가장 중요한 준거로 삼아 광복 이후부터 현재까지 태권도시범의 발달과정을 다섯 단계로 구분하기로 하였다. 즉 광복 이후부터 1960년대까지를 태동기로, 1970년대를 성장기로, 1980년대를 도약기로, 1990년대를 정착기로, 2000년대 이후를 융성기로 명명하고자 했다. 각 시기별 세부적인 시대적 변화 상황과 태권도에 영향을 미친 굵직굵직한 사건 및 인물들로는 다음과 같다.

광복 이후부터 1960년대까지 광복, 기간도장의 태동과 발전, 관의 통합과 대한태권도협회의 결성, 한국군 월남전 파병, ITF의 창설 같은 사건들이 연속적으로 일어났고, 그 결과 태권도시범이란 독자적 장르가 생겨났기 때문에 이 시기를 '태동기'라고 하였다.

1970년대에는 중앙도장인 국기원이 건립되었고, 김운용이 등장하면서 WTF가 창설되었으며, 제정 품새가 보급되기 시작했다. 이와 같은 일련의 사건들은 태권도시범이 태권도의 독자적인 영역으로 성장할 수 있는 계기가 되었기 때문에 이 시기를 '성장기'로 이름 붙였다.

1980년대에는 '86서울아시안게임과 하계 '88서울올림픽대회를 유치하면서 태권도시범이 이 두 국제적 스포츠행사의 개막식을 장식하게 된다. 태권도시범이 두 국제적 스포츠행사의 개막식 내용이 되면서 그것은 주제와 스토리를 갖춘 일련의 공연으로 변화하는 계기가 마련되었다. 또한, 각 대학에 태권도학과가 설립되면서 시범만을 전문적으로 훈련하는 시범단이 창단되었으며, 이들을 통해 태권도시범은 양적으로뿐만 아니라 질적으로 크게 도약하게 된다. 따라서 이 시기를 '도약기'로 명명하였다.

1990년대에는 겨루기경기와는 별도로 시범만을 겨루는 태권도대회가 개최되기 시작했고, 코리언타이거즈 같은 사설 태권도시범단이 창단되었으며, 이규형이 국기원시범단 단장으로 부임하게 된다. 이와 같은 일련의 사건들은 시범이 겨루기 및 품새와 함께 태권도의 중요 요소로 정착되었음을 알려주는 증표라고 할 수 있다. 이러한 이유에서 이 시기를 '정착기'라고 하였다.

2000년대 이후 태권도시범단의 수는 크게 증가하기 시작한다. 국기원, WTF, 대한태권도협회는 물론이고 각 시도협회뿐만 아니라 사설 도장도 시범단을 창단하여 운영하기에 이른다. 이와 병행하여 태권도 시범을 소재로 한 각종 공연이 풍성하게 개최되고 있다. 또한, 정부 차원에서 태권도시범을 문화상품으로 규정하고 각종 지원을 아끼지 않고 있다. 이와 같은 변화과정에 주목하여 이 시기를 '융성기'로 칭하였다.

이상에서 살펴본 바와 같이 본 연구서에서는 광복 이후 현재까지 태권도시범의 발달과정을 태동기, 성장기, 도약기, 정착기, 융성기 등 다섯 단계로 구분하였다. 이와 같은 시대구분은 시대별 태권도시범에 차이가 있음을 전제한다. 시대가 바뀌면서 태권도의 외부 환경이 변하였고, 이와 같은 변화는 태권도시범에도 직간접으로 영향을 미쳐서 시대별로 태권도시범의 형식과 내용에도 차이가 발생한다.

따라서 본 저자는 태권도시범에 영향을 미친 시대별 사회 상황과 사건들을 파악해내고, 그로 인해 태권도시범에 나타난 변화의 형식과 내용을 고찰해가기로 하였다. 시기별로 취급할 주된 내용은 다음과 같다.

첫째, 태동기였다. 광복 이후부터 1960년대까지의 태권도관련 시대 상황과 시범관련 주요 인물 및 사건들은 다음과 같다.

태권도관련 시대 상황으로 기술되어질 내용들은 기간 도장의 개관, 대한태권도협회의 창립, 전국체육대회 경기종목 채택, 국제태권도연맹[3] 창설 등이다. 광복을 전·후하여 청도관, 무덕관, YMCA권법부, 조선연무관, 송무관 같은 기간 도장이 개관되었고, 1961년 9월 16일에는 대한태수도협회가 창립된다. 그리고 대한태수도협회는 1963년 2월 23일 대한체육회 가맹을 승인받게 되었고, 1963년 10월 9일 제44회 전국체육대회 경기종목으로 채택되었다. 또한, 1965년 8월 5일 대한태수도협회는 대한태권도협회로 개명하게 된다. 1965년에는 최홍희가 창헌류 틀을 개발하고, 1966년 3월 22일에는 태권도국제기구인 ITF가 창설되었다. 본 연구자는 먼저 이와 같은 태권도관련 시대상황을 소개하고 그것이 태권도시범에 미친 영향을 고찰, 기술해갈 것이다.

태동기의 시범관련 주도적 인물 및 사건으로 최홍희와 군인을 중심으로 한 태권도시범의 보급, 태권도 명칭의 탄생, 군인태권도시범단의 결성과 동남아 순방, ITF 스타일 품새의 제정 등이 다루어질 것이다. 광복 이후 태권도시범은 연무시범이라는 말로 불렸는데, 이러한

3) International Taekwondo Federation-ITF: 이하 ITF로 칭함.

태권도시범은 각 도장에서 주로 승급심사나 연무대회가 개최될 때 이루어졌다. 최초의 공식적인 태권도시범은 군부대에서 시작되었다. 1953년 육군 제 29사단에 군 최초의 태권도교육기관이 창단되었으며, 이 단체는 창단 1주년을 맞이하여 시범공연을 개최한 바 있는데, 이것이 최초의 공식적 태권도시범이다. 당시 이 시범을 참관한 이승만대통령은 이것을 전통무예 태껸으로 오해하여 "태껸이구먼!"이라고 하였다고 한다. 이 말을 들은 최홍희는 몇 일간 고심하여 태껸의 한자 표현인 태권을 고안하였고, 여기에 도를 붙여 태권도라는 말을 창안하였다. 이후 최홍희는 이승만대통령을 여러 차례 설득하여 1955년 4월 11일 "國伎 跆拳道"라는 휘호를 받아낸다(최홍희, 1997).

공식적인 태권도 해외시범은 1958년에 월남에서 최초로 이루어졌다. 월남의 대통령이었던 고딘디엠은 한국 태권도교관단을 초청하였으며, 이를 계기로 우리나라 최초의 국가대표 태권도시범단이 구성되었다. 16명의 군인으로 구성된 국군태권도시범단은 1959년 3월 12일 태권도시범을 위해 동남아 순방길에 오르게 된다. 1963년에는 정부의 지원을 받은 대한태수도협회가 국위선양을 목적으로 '태권도사절단'을 파견하는 계획을 세우고 실행에 옮기게 된다. 이렇게 1950년대와 1960년대에는 최홍희를 주축으로 한 군인들이 중심이 되어 국내 및 국외에서 태권도를 보급하였다. 최홍희는 부관 남태희와 함께 오도관을 중심으로 전 군에 태권도를 보급하려고 노력하였으며, 특히 월남파병을 계기로 국군태권도시범단의 활동이 더욱 활발해졌다. 1960년대는 박정희 군사정권이 들어서면서 군의 위상은 더욱 강해졌고, 이를 기반으로 태권도는 더욱 활성화될 수 있었다. 최홍희는 기존의 가라테 형을 개조하여 태권도 고유의 품새인 창헌류 틀을 창안하였으며, 1966년 3월 22일 태권도국제단체인 ITF를 창설하였고, 이 단체를 기반으로 하여 태권도의 세계화를 위해 많은 노력을 기울였다. 당시 태권도 시범은 최홍희가 창안한 창헌류 틀과 ITF 스타일의 기술들로 이루어져 있었다.

둘째, 성장기였다. 1970년대의 태권도관련 시대 상황과 시범관련 주요 인물 및 사건들은 다음과 같다.

성장기 태권도관련 시대 상황의 내용은 중앙도장 국기원 건립, WTF 창설과 김운용체재의 등장, 제정 품새의 보급 등이다. 1971년 김운용은 대한태권도협회 제7대회장으로 취임하였으며, 국기원 건립과 WTF 창설을 주도하게 된다. 1972년 중앙도장 국기원이 건립되었고, 이듬해인 1973년 3월 25일부터 27일까지 2박 3일간 제1회 세계태권도선수권대회가 국기원에서 개최되었다. 그 후 이 대회에 참가했던 지도자와 선수들을 주축으로 하여 1973년 6월 3일 WTF가 창설되었다. WTF는 태권도를 국제 스포츠로 만들기 위해 많은 노력을 기울였고, 이에 힘입어 태권도는 올림픽대회 정식종목으로 채택되기에 이른다. 이와 같은 태권도의 스포츠 경기화 과정은 다음과 같이 요약된다.

1974년 10월 18일 제1회 아시아 태권도 선수권 대회가 개최되었으며, 1975년 10월 8일 WTF는 국제경기연맹총연합회(GAISF)에 가입하였다. 1976년 4월 9일 국제군인체육회는 태권도를 세계군인선수권대회의 23번째 정식 종목으로 채택하였다. 한편, 1972년 태권도기술심의회의는 다시 품새와 용어제정 소위원회를 구성하여 학교교과 과정에 삽입 할 새로운 품새 태극을 8장까지 개발하였다. 그 결과 태권도 품새는 팔괘 품새 8종, 태극 품새 8종, 유단자 품새 9종 등 모두 25개가 되었다. 이제 태권도의 핵심 기술체계는 ITF 스타일의 기술체계인 창헌류 틀에서 대한태권도협회 제정 품새로 전환되었다.

이 시기의 시범관련 주도적 인물과 사건은 태권도 공인 품새의 완성, 국내 및 국제 규모 겨루기대회의 활성화, 대표성을 지닌 민간인 태권도시범단의 창단 등이었다. 1970년대의 태권도시범에서는 1960년대의 연무시범에서 주류를 이루었던 창헌류 품새를 하지 않고, 새로 제정된 팔괘 품새, 태극 품새, 그리고 유단자 품새(고려, 금강, 태백, 평원, 십진, 지태, 천권, 한수, 일여 등)를 시연하였다. 그리고 각종 국내 및 국제 태권도겨루기대회가 개최됨으로써 태권도가 크게 활성화될 수 있었으며, 태권도를 홍보할 필요성을 느낀 대한태권도협회는 1974년 대표성을 지닌 상설 태권도시범단을 창단하기에 이르게 된다. 상설 태권도시범단이 창단되면서 태권도시범의 주체는 군인에서 민간인으로 전환하기 시작했다.

셋째, 도약기로 볼 수 있다. 1980년대의 태권도관련 시대 상황과 시범관련 주요 인물 및 사건들은 다음과 같다.

도약기 태권도관련 시대 상황으로 언급할 가치가 있는 것은 '86서울아시안게임과 '88서울올림픽대회 유치에 따른 개막식 태권도 공연,

경기태권도의 활성화, 대학 태권도학과 개설 등이다. 태권도는 1980년 4월 모스크바에서 개최된 제83차 IOC 총회에서 국제 경기종목으로 채택되었으며, 1985년 5월에는 OCA 총회에서 '86서울아시안게임 종목으로 채택되었고, 같은 해 6월에는 제90차 IOC 총회에서 '88서울올림픽대회 시범종목으로 채택되었다. 그리고 1985년에는 OCA 총회에서 '86서울아시안게임 정식종목으로 채택되었다. 이와 같이 김운용과 WTF의 노력으로 태권도는 국제적 스포츠로서 인정받게 되었으며, 태권도시범도 태권도의 스포츠적 특징을 드러내는 방향으로 전환되기 시작했다. 이러한 전환으로 말미암아 태권도시범은 위력 과시 중심의 정적 기술에서 빠르고 정확한 동적 기술 중심으로 변화하기 시작했다.

도약기 태권도 시범관련 주도적 인물 및 사건으로 국기원 성인 태권도시범단의 창단과 초대 단장 김영작 및 부단장 이규형의 등장, 대학 태권도학과 소속 시범단의 결성과 활동, '86서울아시안게임 및 '88서울올림픽대회 개막식 태권도시범, 여성 태권도시범단원의 등장, 국위선양을 위한 태권도시범단 해외 파견 등이다. 1970년에 창단된 상설 태권도시범단은 원래 대한태권도협회에 소속되어 있었으며 국기원에서 관리하였다. 그러나 1981년 1월 1일 국기원에 기술심의회가 생기면서 시범단이 국기원으로 이관되었고, 이때부터 국기원 태권도시범단이라는 공식적인 명칭이 사용되었다. 국기원 성인 태권도시범단의 초대 단장에는 김영작이, 부단장에는 이규형이 임명되었다. 1982년에는 유도대학(현 용인대학)에 태권도학과가 개설되었으며, 이후 경희대학교, 계명대학교, 한국체육대학교 등과 같은 대학에 태권도학과가 개설되었으며, 대학 당국과 태권도학과는 태권도시범단을 조직하여 학교 및 학과 홍보를 위해 활용하였다. 또한, 이시기에는 '86서울아시안게임과 '88서울올림픽대회가 서울에서 개최되었는데, 양 대회의 개막식에서 태권도시범이 소개되었다. 당시 시범을 주도한 이규형은 '86서울아시안게임 개막식에서 선보인 태권도시범에 「약동」이라는 주제를 붙였고, '88서울올림픽대회 개막식에서 선보인 태권도시범에는 「벽을 넘어서」라는 주제를 부여하였다. 이 두 행사로 말미암아 태권도시범은 일정한 주제를 지닌 공연예술로 전환될 수 있게 되었다. 당시의 태권도시범은 수천 명의 시연자로 구성된 화려한 마스게임 형식으로 이루어졌다. 1980년대에 이루어진 변화 가운데 주목해야할 또 한 가지는 여성 태권도시범단원의 등장이다. 그리고 이 시기에는 '86서울아시안게임이나 '88서울올림픽대회와 같은 국가적 행사를 홍보하기 위해 태권도시범단을 해외에 자주 파견하였는데, 파견 지역은 대개 동남아시아나 아프리카 같이 태권도 기반이 취약한 지역이었다. 한국 정부는 태권도시범단의 파견을 통해 태권도가 한국 고유 무술임을 전 세계에 인식시켰고, 이를 통해 태권도는 한결 빠르게 세계화될 수 있었다.

넷째, 정착기였다. 1990년대의 태권도관련 시대 상황과 시범관련 주요 인물 및 사건들은 다음과 같다.

정착기 태권도관련 시대 상황으로 주목할 가치가 있는 내용은 태권도 올림픽대회 정식종목 채택, 태권도한마당대회 개최, 상업성을 띤 사설 태권도시범단의 등장 등이다. 1994년 제103차 IOC 총회에서 태권도는 2000년 시드니올림픽대회 정식종목으로 채택된다. 태권도의 올림픽대회 등장은 그 동안 꾸준하게 이루어진 태권도시범단의 홍보활동이 일구어낸 결실이었다. 한국 정부는 태권도시범단을 파견하여 전 세계에 태권도를 알리는 한편, 이를 계기로 많은 국가들과 긴밀한 유대관계를 맺기에 이른다. 태권도의 올림픽대회 정식종목 채택은 태권도와 한국을 알리는데 엄청난 시너지 효과를 가져왔다. 태권도는 한국을 대표하는 문화상품으로 선정되었고 상업적 목적을 달성하기 위한 태권도시범단이 창단되었다. 또한, 태권도와 다양한 한국 문화의 결합이 이루어졌다. 전통 춤사위, 전통 음악, 전통 의류와 태권도가 접목되고 정신적이고 교육적인 내용이 삽입되어 태권도시범의 내용이 풍부해졌다.

정착기 태권도시범관련 주도적 인물 및 사건으로 국기원 대표시범단 단장인 이규형의 활약, 태권도시범의 상업화, 태권도한마당대회 같은 시범관련 대회의 활성화 등을 들 수 있다. 1989년 이규형이 국기원 대표시범단 단장으로 부임한 이후 태권도시범단의 위상은 양적, 질적으로 크게 변모하였다. 태권도시범이 태권도의 필수 요소이자 전문 영역으로 자리 잡게 된 것이다. 또한, 1990년 사설 태권도시범단이 최초로 창단되어 태권도시범의 상업화가 이루어지기 시작했다. 그리고 1992년에는 제1회 태권도한마당대회가 개최되어 태권도시범의 새로운 장을 열어가기 시작했다. 태권도시범만을 전문적으로 수련하는 집단이 생겨났으며, 이들이 주기적으로 만나 서로의 실력을 겨루고 새로운 기술을 선보였고, 이를 통해 새로운 기술들은 빠른 속도로 퍼져나갈 수 있었다.

다섯째, 융성기에 해당하는 2000년부터 현재까지의 태권도관련 시대 상황과 시범관련 주요 인물 및 사건들은 다음과 같다.

융성기 태권도관련 시대 상황으로 태권도에 대한 공적 및 사적 관심의 증가, 세계품새선수권대회의 개최, 태권도진흥 및 태권도공원 조성 관련 법률의 제정, 국기원의 특수법인화, 태권도의 문화상품화, 시범단체의 양적 증가, 태권도와 공연예술의 접목 등을 언급할 수 있다. 태권도는 2000년 제27회 시드니올림픽대회에 정식종목으로 채택되어 경기가 치러졌다. 올림픽대회 정식종목으로 채택된 태권도는 국내에서 점점 더 많은 사람들의 관심을 끌었으며, 큰 인기를 얻게 되었다. 이러한 추세에 따라 각급 대학에서 태권도관련학과를 계속해서 신설하였으며, 그 결과 태권도학과를 개설한 대학의 수는 급격하게 증가하였다. 2005년 7월 8일 제117차 IOC 총회에서 태권도는 2012년 런던올림픽대회 정식종목으로 채택되었고, 2006년 9월 4일에는 제1회 세계품새선수권대회가 개최되었다. 그리고 2007년 12월 21일에는 태권도진흥 및 태권도공원 조성 등에 관한 법률이 제정, 공포되었으며, 2009년 9월 4일 태권도의 날이 선포되었다. 또한, 2010년 5월 26일에는 국기원이 재단법인에서 특수법인으로 전환되었고, 2013년 2월 11일 태권도는 올림픽대회 핵심종목에 채택되었다. 이와 같은 태권도계 내외 환경의 변화는 태권도시범의 형식과 내용에도 뚜렷한 흔적을 남겼다.

태권도시범관련 주도적 인물 및 사건과 관련하여 다음과 같은 내용들에 주목할 필요가 있다. 2003년에는 국기원에서 제1회 세계무예대회(팀 대항)가 개최되었다. 이 대회는 태권도시범 문화에 새로운 변화를 가져주었다. 2010년에는 국기원이 중심이 되어 제1회 세계태권도시범 경연대회를 개최하였으며, 대한태권도협회도 KTA 태권도격파왕대회를 신설하였다. 이와 같은 시범대회들이 지속적으로 개최됨에 따라 시범대회관련 규칙이 제정되었고 시범기술이 정형화되었다. 한편, 2007년부터 국기원과 서울시는 한국을 방문하는 외국인 관광객을 대상으로 정통 태권도시범 정기문화 공연을 개최하기 시작했다. 태권도시범이 명실상부한 한국의 문화상품이 된 것이다. 2008년부터 태권도단체, 즉 대한태권도협회(국가대표태권도시범공연단)와 WTF(WTF시범단)를 비롯한 각 시·도지부 태권도협회에서 태권도시범단을 창단하기 시작했으며, 시범단의 창단으로 말미암아 새로운 시범기술이 개발될 수 있었고, 이를 통해 태권도시범은 더욱 활성화될 수 있었다. 그 결과 태권도시범은 심미성을 추구하는 공연예술로 진화하여 높은 예술적 가치를 부여받고 있다. 이 과정에서 대한태권도협회 국가대표시범공연단은 그동안의 활약을 인정받아 2010년 한국을 빛낸 대표브랜드로 선정되었다. 이제 태권도시범은 자타가 공인하는 한국의 대표적 문화상품으로 자리잡게 되었다.

제2장

태권도시범의 의미와 구분

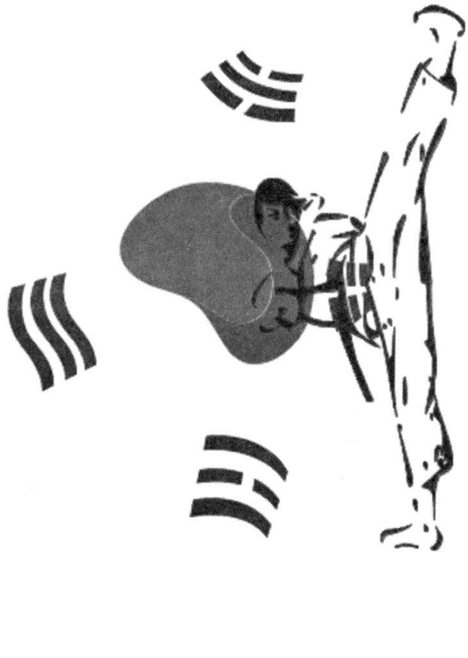

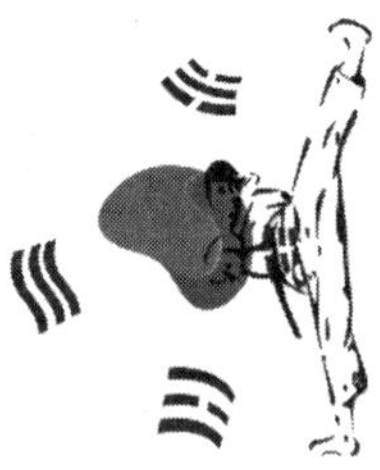

제1절 태권도시범의 의미

무예의 구성요소는 기본기, 품새, 겨루기 세 가지이다. 무예 시범의 원초적 의미는 이 세 요소에 속해 있는 핵심 기술들을 배합하여 해당 무예의 탁월성을 보여주는 과시 활동이라고 할 수 있다. 태권도시범도 관람자에게 태권도의 기본기, 품새, 겨루기 기술의 핵심을 여러 가지 시연을 통해 보여주는 활동이라고 할 수 있다. 그러나 무예시범과 달리 태권도시범에는 태권도의 다양한 기술적 요소뿐만 아니라 정신적 요소까지도 포함되어 있다. 태권도는 단순한 신체활동일 뿐만 아니라 인간의 정신을 계발시켜주는 활동이기도하기 때문이다. 그런 의미에서 태권도시범을 여러 가지 기술 시연과 시연자의 태도를 통해 관람자에게 태권도가 무엇인지 직접적으로 알려주는 제반 활동으로 정식화할 수 있겠다. 다시 말해 태권도시범은 여러 가지 시연을 통해 보는 이로 하여금 '이것이 태권도구나!'라고 느낄 수 있게 만들어주는 활동이라고 할 수 있다(송형석, 배영상, 이규형, 2005).

이와 같은 태권도시범의 의미는 일상용어에서 매우 다양하게 사용되고 있다. 다양하게 혼용되고 있는 태권도시범의 일상적 의미는 다음 세 가지로 요약될 수 있다.

첫째, 시범은 지도자가 수련생들에게 태권도기술을 가르치기 위해 직접 모범을 보이는 활동으로 이해되고 있다. 지도자는 태권도를 가르치는 과정에서 학습자의 이해를 돕고 쉽게 따라할 수 있도록 하기 위해 가르치려는 동작을 직접 시연해야 할 필요가 있다. 이와 같은 시연을 통해 학습자는 학습 내용을 쉽게 이해할 수 있으며 빠르게 모방할 수 있기 때문이다. 이렇게 교수 및 학습 상황에서 지도자가 가르치고자 하는 태권도기술을 직접 몸짓으로 보여주는 행위를 시범이라고 한다.

둘째, 시범은 태권도수련자가 여러 가지 기술 시연을 통해 자신의 실력을 과시하고 태권도를 홍보하는 활동으로 이해되고 있다. 태권도를 수련한 사람은 태권도기술뿐만 아니라 태권도의 정신적 특징까지도 자신의 몸짓과 태도를 통해 보여준다. 관람자는 이러한 시범을 통해 시범자의 실력이 어느 정도나 되는지, 그리고 태권도가 무엇인지 알 수 있게 되며, 태권도에 호기심과 흥미를 느끼게 되고, 결국 태권도 입문을 결심하기도 한다. 따라서 '백문불여일견(百聞不如一見)'이란 말도 있듯이 아무리 설명을 잘 한다 해도 직접 행동으로 보여주는 것만은 못하다. 그런 의미에서 태권도시범은 태권도가 무엇인지 직접 행동으로 보여줌으로써 태권도를 직접적으로 알리는 홍보 활동이라고 할 수 있다.

셋째, 태권도시범은 새로운 장르의 공연예술로 이해되고 있다. 즉, 태권도시범은 기본동작, 품새, 겨루기, 격파, 호신술 등의 기술을 절묘하게 조합하여 다양한 미적 가치들을 창출해내는 공연예술의 한 장르로 이해되고 있다. 이와 같은 태권도시범에서는 정(靜)·중(中)·동(動)의 공방동작들이 다양한 방식으로 조합되어 표출되는데, 이러한 장면들은 관중으로 하여금 강렬한 미적 경험을 할 수 있게 만들어준다. 이렇게 태권도시범은 점점 더 예술의 영역으로 깊숙이 진입해 들어가고 있다. 태권도시범이 기술의 시연을 넘어 예술적 차원으로까지 발전하게 된 이유에 대해 국기원(2007)은 다음과 같이 설명하고 있다.

> "태권도가 육체적 기술의 표현뿐만 아니라 태권도를 수련하는 과정에서 자아를 극복하고, 시범의 미적 아름다움을 보이면서 태권도의 모든 것을 총망라하여 관중에게 보여주기 때문이다"(p. 155).

이상에서 보았듯이 태권도가 오늘날과 같이 발전할 수 있었던 배경에는 시범이 있었다. 시범은 태권도기술의 우수성과 탁월성을 보여줌으로써 태권도의 보급 및 저변확대에 크게 기여하였다. 이와 같은 태권도시범은 협의, 광의, 최 광의 세 차원의 의미를 갖는다.

협의의 태권도시범은 태권도를 수련한 사람이 태권도의 다양한 기술뿐만 아니라 정신적 특징까지 보여줌으로써 보는 사람으로 하여금 태권도가 무엇인가를 알려주는 제반 활동을 의미한다. 이와 같은 시범의 목적은 관람자로 하여금 호기심과 흥미를 느끼게 하여, 태권도로 입문시키는 것이다.

광의의 태권도시범은 가장 한국적인 신체문화로 알려져 있는 태권도를 통해 다른 문화권 사람들에게 태권도 자체뿐만 아니라 한국을 알리기 위해 이루어지는 제반 활동을 의미한다. 태권도는 지난 반세기 동안 한국을 홍보하는 가장 대표적인 수단 가운데 하나였다. 태권도시범단은 각국을 방문하여 태권도를 시연함으로써 태권도 인구의 저변확대는 물론이고 국위선양에도 적지 않게 기여하였다. 이런 의미에서 태권도시범단은 실질적인 민간 외교사절단의 역할을 담당해왔다고 말할 수 있다.

최광의의 태권도시범은 태권도기술과 태권도 외적 요소들의 결합을 통해 태권도적인 것, 한국적인 것, 나아가 인간 보편의 예술적 가치들을 재현하는 제반 활동을 의미한다. 여기에는 교육차원에서의 자세 시범뿐만 아니라 각 단체 또는 국가를 대표하는 시범단에 의한 집단성 재현 시범, 나아가 미적 가치를 창출하는 공연 예술적 시범이 모두 포함될 수 있다. 태권도시범은 다양한 기술을 바탕으로 생동감 넘치는 동작들을 표출함으로써 보는 이로 하여금 다양한 정서적 변화를 느끼게 만들어준다. 그 결과 태권도시범은 공연예술의 새로운 장르로 그 가치를 인정받고 있다.

제2절 태권도시범의 구분

태권도시범은 시범의 목적이나 상황에 따라 성격과 편성 규모가 달라지며, 그 종류도 시범의 성격과 구성에 따라 여러 가지로 나누어진다.

1. 인원에 의한 구분

1) 단독시범

개인이 혼자서 태권도 묘기를 보이는 시범을 뜻하는데, 대개 개인도장의 개관식이나 방송에 출연하여 자신의 수련 정도나 특기를 과시하는 방식으로 이루어진다.

2) 단체시범

2인 이상으로 이루어지는 시범으로 각의 소속팀이나 단체에서 각자의 묘기와 위력을 보여주는 시범활동이며, 격파, 시범, 특수기술, 호신술 등이 주요 내용을 이룬다. 일반적으로 태권도시범이라고 하면 단체시범을 말한다. 또한, 단체시범은 시범단 시범과 마스게임 시범, 무용시범으로 나누어진다. 시범단 시범은 대략 20명에서 30명으로 구성 및 편성되어 시범을 보이는 것인데, 그 내용에는 태권도의 전반적인 기술이 모두 포함되어 있다.

3) 대규모 집단시범

많은 인원이 참석하는 것이 대규모 집단시범의 특징이다. 큰 행사의 식전 또는 식후 공개행사의 한 부분으로 태권도의 단체 행동과 질서, 웅장함과 단체 위력을 과시할 수 있는 시범이다. 각종 국내외 대회의 개막식 행사, 국군의 날 행사, 국가적 차원의 행사 등에서 선보이는 시범이며, 여기에는 대략 300~1,000명 정도의 인원이 참가하여 시범을 보인다. 예컨대 대표적인 대규모 집단시범의 사례로는 '86서울아시안게임과 '88서울올림픽대회 개막식 공개행사에서 실시한 태권도시범을 들 수 있다. 「약동」이라는 주제로 시연되었던 전자에는 1,001명이, 「벽을 넘어서」라는 주제의 후자에는 1,008명이 참가하여 시범을 보였다.

2. 장소에 의한 구분

태권도시범은 기후에 많은 영향을 받기 때문에 장소는 시범에 있어서 매우 중요한 요소이다. 시범은 관중들의 위치(눈높이), 시범 공간, 바닥면의 재질을 고려하여 계획되어야 하기 때문에 장소는 시범의 구성과 프로그램의 운영에 많은 영향을 미친다고 할 수 있다. 또한, 장소의 크기에 따라 시범인원수와 시범규모가 결정된다. 시범은 그것이 이루어지는 장소에 따라 크게 실내시범, 실외시범, 무대시범 세 가지로 분류된다(최영렬, 1993).

1) 실내시범

실내시범은 기후에 전혀 영향을 받지 않는다는 장점을 지니며, 사방이 벽으로 막혀있기 때문에 관중의 집중도를 높여주고, 시각 및 청각적으로 큰 효과를 낼 수 있다. 실내시범에는 태권도장시범, 실내 체육관 시범, 방송국 시범 등이 있다.

2) 실외시범

실외시범은 대개 운동장과 같은 넓은 장소에서 이루어지는 시범을 의미하며, 개방된 공간에서 이루어지기 때문에 많은 시범인원이 동원되어야만 한다. 실외시범에는 각종 체육대회행사 시범, 국군의 날 행사 시범, 전국체전이나 올림픽대회와 같은 대규모 이벤트의 개막식 행사 시범 등이 있다. 실외시범은 환경의 조건과 기후의 변화에 많은 영향을 받을 수 있다. 예컨대 사방이 열려 있기 때문에 시범에 사용되는 음향의 효과가 반감될 수 있고, 추운 겨울이나 무더운 여름철의 경우 온도 변화로 인하여 시범자의 컨디션이 악화되는 경우도 있다. 그리고 잔디밭, 운동장, 아스팔트 같은 실외장소에서 시범이 개최될 경우 바닥상태가 매우 미끄럽거나 딱딱하여 시범자들이 부상당할 가능성이 높다. 지도자는 이러한 점을 철저하게 고려하여 시범을 계획해야만 한다(최영렬, 1993).

3) 무대시범

무대시범은 각종 이벤트 축제행사나 해외 시범을 나갔을 때 객석 정면에 만들어놓은 무대에서 하는 시범을 뜻한다. 이러한 무대시범은 관중의 눈높이에 맞추어 설치된 무대에서 거행하기 때문에 시각적으로 높은 효과를 낼 수 있다는 장점을 지닌다. 최근 태권도시범은 무대공연 형식으로 이루어지는 경우가 많기 때문에 무대시범의 비중이 점차 커지고 있다.

제3절 태권도시범의 구성요소

태권도시범을 수행하는 데 있어서 먼저 고려되어야 할 사항은 태권도기술의 구성요소 가운데 어떤 것을 선택하여 시범내용으로 구성해야

할 것인가이다. 시범내용을 구성하는 데 있어서 염두에 두어야 할 점은 시간과 장소 두 가지이다. 즉, 시범을 주관하는 자는 시범에 주어진 시간이 얼마나 되며, 시범이 이루어지는 장소의 여건은 어떠한지 고려해야만 한다.

시범시간이 충분하고 주어진 공간이 넓다면 가능한 한 많은 기술을 보여주는 것이 좋겠지만, 주어진 시간이 짧고 공간적 여건도 충분하지 않다면 핵심적인 요소만을 보여주는 것이 좋다. 그러나 시간이 많다고 너무 오랜 시간 동안 너무 많은 것들을 보여주면 자칫 관중이 지루함을 느낄 수 있다.

시범의 내용을 구성하는 데 있어서 고려해야 할 다른 사항은 관중의 심리상태이다. 즉, 관중이 긴장감과 안도감을 번갈아가며 느낄 수 있도록 시범을 연출해야만 하며, 이렇게 하기 위해서는 태권도의 기술적인 요소뿐만 아니라 정신적인 요소도 시범 내용에 포함시켜야만 한다. 태권도를 수련하기에 앞서 태권도수련자 모두에게 요구되는 예의와 예절, 묵상과 명상의 태도, 태권도인의 자세까지도 시범의 내용에 포함시킬 필요가 있다.

태권도의 역동적이며 흥미진진한 요소와 이와 같은 정적, 정신적 요소가 적절하게 배합될 때 관중은 긴장감과 안도감을 번갈아 가며 느낄 수 있다. 태권도시범에는 무도적 의미를 내포한 묵상, 각종 예의범절, 태권도의 기본동작을 조합하여 구성한 연합 동작과 품새, 격파, 겨루기, 호신술, 태권무, 훈련 장면, 태권 체조, 경호무술 등이 포함될 수 있다(송형석 외, 2005).

1. 묵상, 예의범절, 호흡

태권도시범에서 보여주는 무도적인 의미를 내포한 묵상과 예의범절, 그리고 호흡은 태권도가 인간 내면의 인격을 도야하는 무도라는 점을 상징적으로 표현해주고, 태권도 수련자의 정신적 요소를 보여줄 수 있는 내용이다. 이러한 내용을 시연할 때 시범자는 진지한 태도를 유지해야만 한다.

1) 묵상

묵상은 정좌한 상태에서 상체를 바르게 펴고, 천천히 호흡하면서 자신의 마음을 한 곳에 집중시키는 수련방법이다. 묵상은 태권도수련자가 가진 육체적 능력과 정신적 능력을 하나로 통합시켜주는 수련방법으로서 수련자의 능력을 최대로 발현시키는 데 도움을 준다.

2) 예의범절

태권도는 예의에서 시작해서 예의로 끝난다고 말해도 과언이 아닐 정도로 예의를 중시한다. 태권도수련 시 병행하는 예의범절은 태권도가 단지 차고 때리는 과격한 무술만이 아니라 건강한 몸을 길러주고 정신적인 성숙을 도모하는 무도라는 점을 알려주기 위함이다.

3) 호흡

수련자는 호흡을 통해 감정을 조절하고, 정신을 집중할 수 있다. 호흡은 또한, 건강회복에도 도움을 주며, 강한 힘을 발휘하도록 만들어준다.

호흡은 기합과도 밀접한 관련이 있다.

기합은 몸과 마음을 집중시켜 최대의 힘을 발산하게 만들어 준다. 또한, 기합은 공포심을 없애주고, 적을 심리적으로 위축시킨다. 호흡조절에서 중요한 것은 공급되는 에너지를 신체가 적절하게 사용할 수 있도록 하는 것이다(네이버지식백과, 2013).

2. 기본연합동작

기본연합동작이란 태권도의 독립된 여러 가지 기본 기술을 두 가지 이상 서로 연결하여 하나의 동작으로 구성하고 이를 체계화시킨 것이다. 즉, 기본동작인 막기, 차기, 지르기, 치기, 찌르기의 공격과 방어동작을 연무선에 맞추어 혼합하여, 속도의 완급, 힘의 강약, 목표에 대한 정확성을 삽입하고, 절도 있는 자세로 엮어 놓은 것이 기본연합동작이다.

기본연합동작 시범에는 단순기본동작 시범과 공방의 기본 기술들을 조합하여 재구성한 연합동작 시범이 있다(세계태권도아카데미, 2010).

3. 품새

태권도의 발전은 초창기부터 1990년대 초반까지 주로 겨루기 위주로 진행되어 왔으며 품새는 단지 심사를 위한 준비사항 정도로만 인식되었다. 그러나 1990년대 초반 개최된 태권도한마당대회에 품새 경연이

도입된 이후 이와 유사한 품새 대회가 하나둘씩 생겨났고, 시연 종목도 제정 품새에서 창작 품새, 체조 품새, 건강 품새 등으로 다양화하는 추세이다. 또한, 2006년 제1회 WTF 세계품새선수권대회가 개최된 이후 국내 및 국외 태권도계에서 품새에 관한 관심이 점차 높아지고 있다.

품새라는 용어는 '품'과 '새'의 합성어로 순수한 우리말이다. 품은 그 동작이나 모양, 됨됨이를 나타내고, 새는 모양새, 맵시, 꼴 등을 의미한다. 따라서 품새란 공격과 방어의 기술을 규정된 형식에 맞추어 지도자 없이 수련할 수 있도록 이어놓은 기술체계이다. 품새는 크게 제정 품새와 창작 품새 두 종류로 나누어진다.

1) 공인 품새

공인 품새는 국기원에서 제정한 품새로 유급자 품새인 팔괘(1장에서 8장까지)와 태극(1장에서 8장까지) 16가지, 그리고 유단자 품새인 고려, 금강, 태백, 평원, 십진, 지태, 천권, 한수, 일여 9가지로 모두 25가지로 이루어져 있었다. 그러나 현재 팔괘 품새는 공인 품새에서 제외되어 있다.

2) 창작 품새

창작 품새란 말 그대로 창작해낸 품새를 말하며, 국기원이나 대한태권도협회에서 제정된 태권도 품새와는 다른 형식으로, 개인이나 단체가 특정 목적에 따라 태권도수련 경험을 토대로 독창적으로 만들어낸 품새를 말한다. 창작 품새의 종류에는 태권무, 체조 품새, 건강 품새 등이 있다.

(1) 태권무

태권무는 품새를 예술적으로 한 단계 발전시켜 태권도의 동작과 정신을 예술적인 움직임으로 표현하여 보여주는 것이다.

(2) 건강 품새

건강 품새는 태권도가 국민들의 생활스포츠로 자리 잡기 위한 일환으로 개발되었다. 건강 품새는 국민체조와 같이 학교체육이나 사회체육의 일환으로 남녀노소가 장소에 관계없이 쉽게 따라할 수 있도록 만든 것이다(한겨레신문, 1996).

(3) 체조 품새

체조 품새란 태권도수련에 임하기에 앞서 관절의 가동범위를 극대화하고, 심박수를 높여주며, 근력을 증강하고 유연성과 순발력 등의 운동능력을 향상하는 것을 목적으로 태권도 기술 가운데 몇 가지 동작을 짜임새 있게 구성하여 체조화한 것이다.

4. 격파

태권도 구성요소 중의 하나인 격파는 태권도의 위력을 나타내는 기술이다. 격파는 태권도를 연마했을 때 그 위력을 실험하기 위한 수단으로 수련자의 실력 평가 기준이 된다. 격파는 태권도시범의 꽃이라고 할 수 있다. 이러한 격파는 품새, 겨루기와 함께 태권도의 3대 구성요소로서, 손과 발을 단련하여 심사 또는 시연 때 단단한 물체인 송판, 기와,

벽돌 등을 깨뜨려 위력을 과시하는 활동이다(대한태권도협회, 2013). 격파에는 크게 위력격파와 기술격파가 있다.

1) 위력격파

위력격파는 주먹, 손날, 팔꿈치, 발 앞꿈치, 발 뒤꿈치 등과 같은 단련된 손과 발 등의 관절 부위 끝단을 이용하여 비교적 낮은 자세에서 힘과 기를 집중하여 타격하며, 태권도의 위력적인 장면을 보여 주는 것을 말한다. 위력 격파 시 강력한 힘을 내기 위해서는 힘을 빼야 한다. 다시 말해서 내가 가지고 있는 힘을 밖으로 내 보내기 위해서는 몸에 힘을 빼고 마지막 순간에 힘을 밖으로 표출해야 한다(곽택용, 2012).

2) 기술격파

기술격파는 태권도가 가지고 있는 여러 가지 기술들을 응용 또는 활용하여 여러 가지 표적을 격파하는 기술을 의미한다. 기술격파는 도약격파, 회전격파, 여러 표적격파, 창의격파기술로 구분된다. 도약격파는 신체를 공중으로 도약하여 얻은 체공시간을 이용하여 멀리차기, 높이차기, 그리고 손과 발을 동시에 사용하여 연속하여 격파하는 형식의 기술이며, 회전격파는 신체를 공중으로 회전하면서 도약하여 얻은 체공시간을 사용해 연속하여 격파하는 기술이다. 또한, 여러 표적격파는 다양한 방향에서 움직이거나 고정된 여러 개의 목표물을 한 번에 격파하거나 연속해서 차례로 격파하는 기술이다. 창의격파는 태권도의 기술을 이용하여 새롭게 재구성한 격파 기술로 지금까지 다른 수련자가 시도하지 않았거나 아직 성공하지 못했던 기술 동작으로 목표물을 격파하는 기술을 말한다. 그리고 정밀격파는 사람이나 인공의 장애물을 이용하여 몸을 공중으로 도약하여 방향을 전환하거나, 몸을 회전하여 멀리 있거나 높은 위치에 있는 목표물을 타격하고, 눈을 가린 상태에서 머리 위나 칼끝에 있는 사과와 같은 작은 목표물을 청각으로 거리를 감지해 격파하는 형식의 기술이다.

5. 겨루기

겨루기는 '겨루다'의 명사형으로서 '서로 버티어 힘과 기를 견주어 본다'는 뜻으로 "두 사람간의 공방의 기술 체계를 숙달시키는 과정이면서 나아가 그 기술체계를 평가하는 과정을 말한다"(대한태권도협회, 2013). 겨루기의 이상적인 기술은 순발력, 힘, 정확성, 발놀림, 타이밍, 거리 조절능력, 반응능력, 예측, 심리상태 등의 요소들이 적절하게 조화를 이룰 때 실현될 수 있다.

시범자는 발놀림, 차기, 밀기, 지르기 기술의 조화로 몸의 움직임을 부드럽고 자연스럽게 하여 힘을 전달해야하고 적시에 상대를 타격해야 한다. 겨루기 시범은 경기겨루기 시범과 약속겨루기 시범으로 나누어진다.

1) 경기 겨루기

경기겨루기 시범은 태권도 경기를 각종 대회의 정식종목으로 채택되도록 하기 위한 수단으로 시작되었다. 경기겨루기는 경기태권도가 활성화되어 다양한 겨루기 기술이 빠르게 발전함에 따라 그 시범적 가치를 인정받게 되었다. 경기겨루기 시범에서는 실제 경기와 마찬가지로 보호대를 착용하고 선수와 심판, 코치 등도 배정하여 경기규정에 맞추어 실시하고, 실제 경기겨루기 상황에서 나타나는 것과 동일한 방식으로 득점, 감정, 경고, 주의를 시연하는 것이 중요하다.

2) 약속 겨루기(맞춰 겨루기)

약속겨루기 시범은 겨루기에서 나타나는 상황과 동작들을 적절하게 배합하여 일대일(一對一) 또는 일대다(一對多) 형식으로 보여주는 것을 말한다. 사전에 정해진 약속 하에 상호 공방을 주고받으면서 실전에 대비할 수 있도록 수련하는 것이 목적이다. 약속 겨루기에는 한 번 겨루기, 두 번 겨루기, 세 번 겨루기, 앉아 겨루기, 탁상 겨루기, 호신 약속 겨루기 등이 있다.

6. 호신술

호신술는 말 그대로 몸을 지키는 기술을 의미한다. 우리는 모두 폭력의 위험에 직면했을 때 상대를 제압하여 위험을 모면하고자 한다. 그러나 폭력을 제압하기 위해서는 여러 가지 제압기술이 필요한데, 상대를 제압할 수 있는 제반 기술을 호신술이라고 한다.

호신술은 상대의 피해를 최소한으로 줄이고 자신의 몸을 폭력적인 공격으로부터 안전하게 지키는 기술이라는 점에서 일반 무술의 공방기술과 차별화된다. 우리는 언제 어디서나 예측하지 못했던 위험에 당면하게 되는 경우가 많다. 이럴 때 순간적으로 그 상황에서 벗어나려면 상대가 한 사람이든 다수이든 간에 상대를 제압할 수 있는 능력이 필요하게 된다.

이처럼 호신술은 다양하고 복잡한 사회 상황에서 언제 닥쳐올지 모르는 외부의 폭력이나 물리적 강압으로부터 자신을 안전하게 지키는 기술을 말한다.

7. 태권 체조

태권 체조는 '태권'과 '체조'로 이루어진 합성어로서 태권 에어로빅, 태권 댄스 등으로 불리기도 한다. 최근 들어 일선 도장에서 태권 체조는 수련생들에게 인기 있는 프로그램이다. 또한, 태권 체조는 현대 사회에 다이어트 열풍이 불면서 크게 각광받고 있다. 이러한 태권 체조는 "태권도가 무술적인 측면에서 현대에 맞게 변형된 태권도 요소 중 가장 크게 변화된 장면"(곽택용, 2012, p. 30)이라고 할 수 있다.

세계태권도한마당 경연규칙에서는 태권 체조를 "태권도 동작을 음악 및 기타 악기에 맞추어 다양하게 구성한 체조형 동작"(국기원, 2012a, p. 46)으로 정의하고 있다.

태권 체조는 경쾌한 음악에 맞춰 태권도의 기본적인 손과 발동작을 체조적인 요소와 접목하여 느리고 빠른 동작과 역동적인 동작으로 구성되어 진다. 태권 체조를 통해 심박 수와 체온을 증가시켜 유산소성

운동 효과를 높이며, 근력 및 유연성을 증가시켜 신체 각 부분의 고른 발육과 건강의 증진을 도모하고, 남녀노소 누구나 쉽게 따라 할 수 있도록 만든 것이다.

8. 훈련장면

훈련장면 시범은 태권도를 수련하는 과정을 일목요연하게 보여줌으로써 관중의 이해를 도와주는 시범내용이다. 이 시범에서는 선수들의 훈련장면이나 일선 도장에서 실제 수련 시에 이루어지는 모든 활동을 간략하게 구성하여 보여주는 것이 중요하다. 이러한 훈련장면의 시범내용에는 몸 풀기 및 스트레칭이나 표적(미트나 타깃) 차기, 1, 2, 3단계 자유 표적 차기, 발놀림, 대인방어 및 공격기술, 정리운동 등이 포함된다(송형석 외, 2005).

9. 경호무술

경호무술 시범이란 귀빈의 신변에 직접 또는 간접으로 가해지는 물리적 폭력을 사전에 방지하거나 제거하여 경호대상자의 신변에 관한 절대 안전을 도모하는 전반적인 활동을 보여주는 것을 말한다. 이러한 경호무술 시범에는 경호대상자의 신변안전보호, 질서유지 및 혼잡방지, 환송과 영자간의 친화도모 및 유지, 국위선양, 권위유지 등이 있다.

제3장

태권도시범의 태동기

(광복이후부터 1960년대까지)

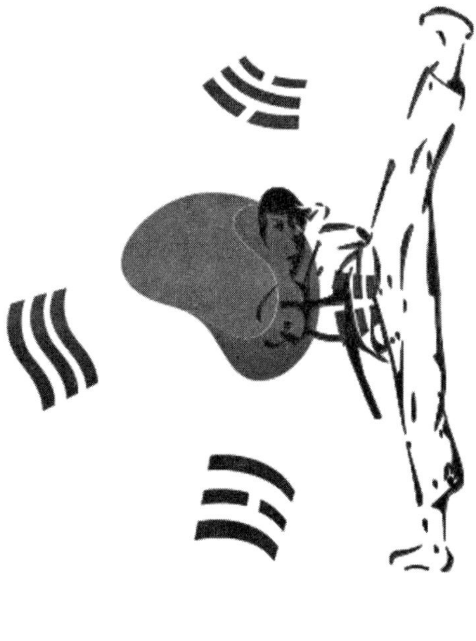

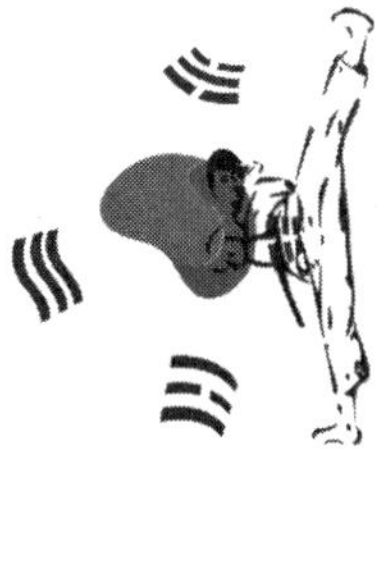

제1절 시대적 상황과 주요 사건들

1. 광복과 기간도장의 태동

근대 태권도는 1945년을 전·후해서 당수 또는 공수라는 명칭으로 출현하였다. 광복을 맞이하여 일본에서 귀국한 몇몇 유학생들은 유학시절 일본에서 습득한 오키나와 도수무예를 취미로 또는 직업적으로 가르치기 위해 근대식 도장을 개설한 것이 그 계기가 되었다. 태권도계에서는 당시 개설된 최초의 다섯 개 도장을 기간도장(基幹道場)이라고 부른다. 광복을 전후하여 가장 먼저 근대식 도장을 개관한 사람은 이원국으로서, 그는 1944년 9월 서울 서대문 근교에 청도관 당수도장을 개관하였다. 다음으로 황기가 1945년 11월 무덕관을 개관하였으며, 자신의 도수무예에 당수, 화수도, 수박도라는 명칭을 붙였다. 1946년 3월에는 전상섭이 조선연무관 권법부를 개관하여 공수도를 지도했으며, 1946년에는 윤병인이 중앙기독교청년회(YMCA) 권법부를 개관하여 권법을 가르쳤다. 그리고 1947년에는 황해도 개성에서 노병직이 송무관을 개관하여 당수도를 지도하기 시작했다(안용규, 1998). 기간도장으로 불렸던 이들 다섯 개의 도장은 한국전쟁을 거치면서 여러 분관으로 해체되었다. 1950년대 후반에는 약 40개의 관들이 경쟁적으로 난립하게 되는데 대표적인 분관으로는 창무관, 강덕원, 한무관, 정도관, 오도관, 국무관, 수무관, 창헌관, 문무관, 홍무관 등이 있었다. 먼저 창무관은 이남석과 김순배가 의기투합해 만들었고, 강덕원은 홍정표와 박철희가 만들었는데 창무관과 강덕원은 모두 YMCA권법부를 모체로 하는 도장이었다. 또한, 한무관은 조선연무관 출신인 이교윤이 개관하였고, 정도관은 청도관 출신의 이용우가 개관하였으며, 오도관은 육군 장성이었던 최홍희가 군인들을 중심으로 설립한 도장이다(서성원, 2012).

한편, 1945년 광복을 전후하여 다수의 의식 있는 사범들이 일제하에서 파생된 다양한 형태의 도수무예를 단일화시켜야겠다고 생각했으며, 이러한 생각은 통합기구를 설립하려는 노력으로 구체화되었다. 1946년 7월 전상섭, 이원국, 윤병인, 노병직 등이 주축이 되어 통일협회 구성을 목적으로 두세 차례의 회합을 가졌으나 결국 목적을 달성하지 못하였다. 그러나 이들은 논의를 통해 한국 무도의 표준형을 제정하고 지도방법을 통일하자는 견해에 대해 합의하게 된다(국기원, 1997). 그런 와중에 한국전쟁이 발발하여 지도자들은 실종되고, 수련생들도 뿔뿔이 흩어졌지만, 임시 수도 부산에서 노병직, 황기, 윤쾌병, 손덕성, 이남석, 이종우, 현종명, 조영주, 김인화 등이 주축이 되어 대한공수도협회를 조직하였다. 그러나 황기가 중앙심사위원 자격을 주지 않는다는 이유로 협회를 탈퇴하고 단독으로 대한당수도협회를 조직한다. 그는 자신이 만든 대한당수도협회를 대한체육회 가맹단체로 만들려고 노력했으나 성공하지 못하였다(강원식, 이경명, 1999).

1959년 9월 청도관과 오도관이 주축이 되어 대한태권도협회를 창설한다(허인욱, 2008). 그러나 1961년 5·16 쿠데타로 정권을 장악한 박정희가 국가재건최고회 포고령 제6호를 발표하여 사회단체들의 해산을 명령하였고, 이에 근거하여 문교부(현 교육부)는 유사단체[4]의 통합을 추진하게 된다. 1961년 9월 14일 관 통합 창립위원회가 구성되었고, 9월 16일 여러 관을 공식적으로 대표하게 될 대한태수도협회가 창립되었다. 대한태수도협회는 1962년 6월 25일 대한체육회 가맹단체가 되었으며, 이를 계기로 태수도는 1963년 10월 24일 개최된 제44회 전국체육대회의 정식 종목이 되었다. 한편, 태권도란 명칭을 창안한 최홍희가 대한태수도협회장으로 취임한 얼마 후인 1965년 8월 5일 대한태수도협회는 대한태권도협회로 명칭을 변경하여 오늘에 이르고 있다.

지금까지 기간도장이 형성된 이후부터 대한태권도협회가 결성되기까지의 태권도계 상황을 대략적으로 살펴보았다. 이제 이 시대의 태권도시범이 어떤 특징을 지니고 있었는지 알아보자.

당시 시범은 각 도장에서 실시된 연무대회나 승급심사 시 관의 홍보를 목적으로 이루어졌다. 시범의 주체는 각 도장의 사범들이었다. 시연자들은 시범을 통해 자신의 무력과 자신이 속한 도장의 우수성을 과시했다. 청도관은 1945년에 명동의 시공관(지금의 대한투자금융건물)에서 제1회 당수도 연무대회(練武大會)를 개최하였는데, 이 대회는 한국에서 최초로 개최된 근대식 무술대회였다. 이 연무대회는 시범을 통해

---

4) "유사단체가 난립한 가운데 5.16혁명을 맞았다. 국가재건최고회의가 포고령 제6호를 내려 사회단체 재등록을 명(命)함으로써 문교부는 1961년 7월 21일자로 공문을 보내 대한수박도회, 대한태권도협회, 공수도창무관, 공수도송무관, 강덕원무도회, 한무관중앙공수도장의 대표들을 소집해 놓고 통합을 주선했으나 명칭문제로 결론이 나지 않자 옵서버로 참석했던 이종우가 중재에 나서 타협안을 내놓음으로써 '대한태수도협회'로 낙착을 보게 되었다"(국기원, 1997, p. 57).

승자와 패자를 가리기 보다는 수련자의 수련 정도를 선보이는 행사였다.

연무시범은 공수도 기술체계를 답습한 형과 권법의 기술을 그 주요 내용으로 하였으며, 당시 청도관과 송무관은 서로 사이가 좋아 합동 연무시범을 개최하기도 했다. 1946년 노병직이 고향인 개성에 정식으로 송무관(松武館) 간판을 내걸자 이원국은 손덕성, 엄운규 등 제자들을 이끌고 개성을 방문하여 연무시범을 보였다(서성원, 2012). 또한, 무덕관은 1947년 7월 17일 교통부 부우회에서 연무회를 개최하였으며, 1948년 9월에 열린 무덕관 제1회 승단심사와 1949년 10월 19일에 열린 제3회 화수도연무대회에서 시범을 선보였다(황기, 1970). <그림 1>은 화수도연무대회 포스터이다.

화수도연무대회 포스터

*허인욱(2008, p. 66)

<그림 1> 1949년 제3회 화수도연무대회 포스터

한편, 광복 직후 청도관에서 이원국으로부터 당수도를 직접 배웠던 남태희는 1950년 6월 18일 육군사관학교에서 최초로 당수도 시범을 선보였다(이호성, 2007). 그의 품새 실력은 매우 탁월하여 관람자들을 압도하였다. 그는 장교에 임관하기 위해 동래에 있는 전시사관학교(육군종합학교)에서 교육을 받았을 때인 1950년 12월 25일 후보생을 위한 위문공연장 무대에 올라가 김석규와 함께 총검술을 포함하여 형(型), 대련, 격파 같은 시범을 보이기도 했다. 당시 그의 시범을 본 수백 명의 후보생과 교관들은 크게 감탄했다고 한다. 장교 임관 후 남태희는 유학시험에 합격하여 1952년 3월 2일 우종림과 함께 미국 유학길에 올랐다. 그는 미국으로 향하던 배에서 약 200명의 유학생과 미군들 앞에서 태권도시범을 선보여 그들을 놀라게 했다고 한다. 또한, 미국에서 교육을 받았던 6개월 동안 틈틈이 태권도시범을 보여주었다고 한다(양현석, 2006a).

YMCA권법부는 한국전쟁이 반발하기 직전인 1950년 6월 24일에 제3회 권법연무대회를 개최하였다(무카스, 2010. 01. 25). 당시 박철희는 작두권 시범을 보였고, 박기태는 봉권 시범을 보였으며(강원식, 이경명, 1999), 청도관의 손덕성, 엄운규, 이용우 등이 찬조시범을 보였다. 또 무덕관 수련생들은 1952년 5월 18일 육군본부에서 개최된 상이군인 및 유가족을 위한 운동경기대회에 참가하여 당수도를 시연하였다고 한다(허인욱, 2008). <그림 2>는 1949년 7월 교통학교 강당에서 개최된 당수도 연무대회 시범 장면이다.

*허인욱(2008, p. 70)

<그림 2> 1949년 7월 교통학교 강당에서 개최된 당수도 연무대회 장면

1956년 7월 29일 청도관이 주관하는 14회 연무대회가 조선일보의 후원을 받아 장충단 육군체육관에서 개최되었다. 당시 이 대회에 참가했던 100여 명의 수련자들은 53가지의 기술을 시연했다고 한다(조선일보, 1956. 07. 31). YMCA권법부에서 윤병인으로부터 권법을 전수받았던 홍정표와 박철희는 1956년 9월 강덕원을 개관하였다. 강덕원은 1959년 11월 3일 광주학생 반일 의거 30주년을 기념해 '전국학생택권도특별연무대회'를 주최하였다. 박철희는 이 행사의 기술고문을 맡았고, 홍정표는 대회위원장을 맡았다.

당시 시연 내용은 약속대련과 격파, 평안, 진정, 공산군, 발색(소), 기마초단, 삼단, 발채, 완슈, 자은, 노패, 오십사보 등과 같은 가라테형, 그리고 YMCA권법부의 독자적 형인 기본형, 장권형, 팔기권형 등과 대련이었다(허인욱, 2008). <그림 3>은 1959년 강덕원에서 주최한 '전국학생택권도특별연무대회' 관련 서류이다.

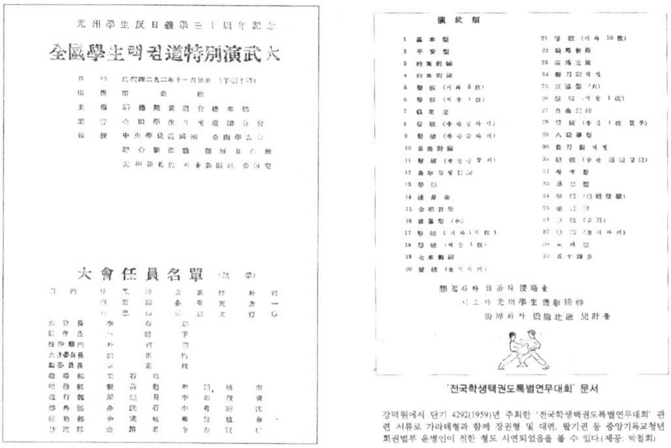

*허인욱(2008, p. 104-105)

<그림 3> 1959년 '전국학생택권도특별연무대회' 문서

이 서류에는 당시 대회에서 가라테형 뿐만 아니라 YMCA권법부 초대 관장이었던 윤병인이 전한 장권, 팔기권, 대련 등도 시연되었음이 잘 나타나 있다.

또한, 1960년 11월 30일에는 무덕관 창립 15주년 기념 한·미·중 친선 당수도연무대회(韓·美·中 親善 唐手道演武大會)가 교통부 부우회관에서 개최되었는데, 한국에서는 무덕관과 지도관이, 미국에서는 미8군 당수도부가, 중국에서는 재한 중국 국술부 팀이 참가하여 시범을 선보였다(허인욱, 2008).

이상으로 살펴보았듯이 태권도 형성에 큰 영향을 미친 5대 기간도장과 여기에서 파생된 분관들은 자신들의 도수무예에 당수도, 공수도, 화수도, 권법 등과 같은 다양한 명칭을 부여했으며 이러한 명칭만큼이나 그들의 무예 기법도 다양했던 것으로 보인다(허인욱, 2008). 따라서 각 도장별 연무시범의 내용도 서로 달랐을 것으로 여겨진다. 당시 시범은 연무시범이라는 말로 표현되었다. 여기서 연무(演武)는 무예를 닦는다는 뜻이기 때문에 연무시범은 수련자가 그동안 갈고 닦은 실력을 보여주는 것이라고 할 수 있다(나채만, 2012).

당시 시범은 주로 기간도장을 비롯한 새로 생겨난 신흥 도장에서 시연되었다. 시범의 궁극적 목적은 각 관별로 관세를 넓히는 데 있었으며, 주로 승급심사와 함께 이루어졌고, 간혹 연무대회가 독립적으로 개최되는 때도 있었다. 각 관의 특성에 따라 각기 상이한 내용과 방식으로 이루어졌던 태권도시범은 베트남전을 계기로 해외로 빠르게 보급되었으며, 이 과정에서 통일성과 체계성을 갖추게 되었다.

2. 한국군 베트남전 파병

60만 강병책으로 전 군에 보급되기 시작한 태권도는 군대 내에만 머물지 않고 군 주변의 민간인과 학생들, 그리고 주한 외국인들에게도 보급되기 시작했다. 이와 같이 태권도가 민간에 보급되어 국민생활체육으로 정착하는데 가장 크게 기여한 사람은 군인들이었다. 군인들은 또한, 태권도의 해외 보급에도 적지 않게 기여하였다. 1960년을 전·후하여 구사 원조의 한 방편으로 태권도교관단 7백 명이 10년 4개월에 걸쳐 베트남 전 지역에 배치되었으며, 이들은 베트남의 군인, 경찰관, 학생, 민간인, 그리고 베트남 주재 외국인에게 태권도를 지도하였다(양현석, 2006a).

태권도가 국군 내에서 확산되기 시작한 때는 1953년이다. 당시 제주도에 보병 제29사단이 창설되었는데, 이 제29사단은 '주먹 사단' 또는 '이크 사단'으로 알려졌으며, 나중에 '태권도 사단'으로 유명해졌다(이호성, 2007). 또한, 국군 최초의 군대 무도 조직은 1952년 10월에 미국 포트베닝 보병학교 유학생들이 주축이 되어 제주도 제1훈련소에서 결성한 '화랑 무도관'이며, 이 단체의 수석 사범은 미국에서 귀국한 남태희였고, 부 사범은 같은 청도관 출신의 고재천이었다.[5] 전시에 탄생한 '화랑 무도관'은 초창기에 크게 주목받지 못했다. 그러나 제주도에 있던 보병 제29사단 최홍희 사단장과 화랑 무도관의 남태희 중위가 만나면서 이 단체는 크게 주목받기 시작한다.

최홍희와 남태희는 1954년 강원도 용대리에 국군 사상 처음으로 '오도관(吾道館)'이라는 군대내 도장을 창설하게 된다. 오도관의 초대 관장은 최홍희였지만, 오래지 않아 사범을 맡고 있던 남태희가 관장직을 물려받게 된다. 오도관에는 우종림, 고재천, 김석규, 백준기, 곽근식, 김봉식, 한차교 같은 실력자들이 있었다. 그러던 중 6.25전쟁이 일어나게 되고, 이를 계기로 군대 도장인 오도관과 최홍희가 태권도의 중심으

5) 고재천은 후일 제1훈련소에서 광주 교청으로 발령을 받아 광주에서 청도관의 지부인 청룡관을 열었다. 그는 대령에서 예편한 후, 1970년대 초 한국에 프로 태권도가 시도됐을 때 이를 주도했다(이호성, 2007).

로 부각되었는데 그 이유는 당시 군인과 군대의 힘이 강해졌고, 군대 내부에서 태권도가 빠르게 보급되었기 때문이다. 태권도계에서 최홍희와 군대의 위세는 휴전이 체결된 이후 군사정권이 들어서고 반공의식이 강화되면서 더욱 강성해졌다(이호성, 2007). 이와 같은 상황에서 군대 도장 오도관이 만들어졌으며, 남태희가 훈련시킨 오도관 출신자들이 군대에서 최초로 1군 사령관인 백선엽장군 앞에서 당수도 시범을 선보였다. 그리고 얼마 후인 1954년 9월 속초에서 제1군단 창립 기념식이 개최되었는데 이 기념식에 참석한 이승만 대통령 앞에서 오도관 1기생과 2기생 50여명이 30분 동안 태권도시범을 보였다. 당시의 기록에 따르면 이승만 대통령은 줄곧 시범을 서서 관람하였다고 한다. 특히 그는 남태희가 기왓장 13장을 겹쳐 놓고 일격에 완파하는 것을 보고는 눈물을 글썽이며 손뼉을 쳤고, 시범이 끝나자 최홍희를 돌아보면서 "저게 예로부터 전해 오던 우리 태껸이야, 태껸! 앞으로 전군에 보급시켜야겠어!"라고 말했다고 한다(이호성, 2007). 태껸이라는 우리의 전통 무예를 알고 있었던 이승만 대통령의 이 한마디로 말미암아 최홍희는 태권도라는 이름을 고안하게 되었다.

1958년 중순 이승만 대통령의 초청으로 베트남의 고딘디엠 대통령(Ngo Dinh Diem, 1901~1963)이 한국을 방문하게 되었다. 그는 당시 전방에 있는 6군단 제29사단 장병의 태권도 연무시범을 보고 깊은 감명을 받았으며, "이래서 한국군이 강하군!"이라며 감탄하였다고 한다.[6)]

---

6) "훗날 들었지만 곁에서 이 광경을 본 주월공 대사 최덕신 형은 '옳지, 국군태권도 시범단을 베트남에 유치할 수 있겠구나'라고 하는 생각이 떠올랐다고 한다"(최홍희, 1997, p. 403).

그는 귀국한 이후에도 태권도에 깊은 관심을 가졌고, 태권도야말로 군인들에게 필요한 정신교육과 호신술을 체득할 수 있는 훈련이라고 생각했으며, 주 베트남한국대사관을 통해 태권도시범단을 초청하였다. 1959년 2월 베트남 국방성의 초청으로 국군태권도시범단[7]은 2주간 베트남에 파견되었다. 해외 원정에 앞서 국군태권도시범단은 약 2주간 육군본부 대강당에서 합동훈련을 시행하였다(강원식, 이경명, 2002). 군인으로 구성된 시범단원들은 짧은 머리와 날카로운 눈매로 인해 매우 용맹스러워 보였다고 하며, 그들의 통일된 장면은 외부인들에게 절도 있고 인상적으로 비춰졌다고 한다.

<그림 4>는 한국 최초의 '국군태권도시범단'이 베트남으로 해외파견을 나가는 장면이고, <그림 5>는 당시 국군태권도시범단이 베트남에서 단체 기념촬영을 하는 장면이다.

7) "당시 '국군태권도시범단'의 단장에는 최홍희(육군 소장 6단), 지휘 남태희(육군 대위 5단), 단원은 우종림(육군소령 3단), 한차교(육군중사 3단), 백준기(육군 대위 3단), 고재천(육군소령 4단), 김복남(공군대위 3단), 곽근식(육군대위 3단), 김근택(공군대위 2단), 차수용(해병대 2단), 이희석(육군하사 2단), 이응삼(육군하사 2단), 김재용(해병소령 초단), 윤종렬(공군대위 2단), 김만호(육군대위 2단), 김복만(육군상사 초단), 이용균(공군소령 2단) 등 19명과 섭외 김홍걸(대령), 경리 김경을(중령)등 임원 2명 포함해 모두 21명으로 구성되었다"(강원식, 이경명, 2002, p. 340).

*최홍희(1997, p. 404)

*사단법인 ITF태권도협회(2008, p. 178)

<그림 4> 한국 최초의 '국군태권도시범단' 해외파견 장면

*최광근(2011, p. 35)

<그림 5> '국군태권도시범단'의 단체 기념촬영

최홍희는 당시의 상황을 회고하면서 다음과 같이 말했다.

> 시범단의 규모와 파견 날짜가 결정됨에 따라 나는 즉시 공군본부에 가서 비행기를 교섭해 인원 선발에 착수했다. 그런데 이재학 국회 부의장은 국방부에다 손덕성이를 포함시키라고 압력을 가해왔다. 그러나 내가 단호히 거부하는 바람에 국방부는 한동안 난처한 입장에 있었으나 「강자를 누르고 약자를 돕는다(억강부약(抑强扶弱)」는 것을 생활신조로 하는 나로서는 만약 국방부가 군대만 파견한다는 원칙을 무시하고 민간인 손덕성이를 끼워 넣을 경우엔 나는 가지 않겠다고 고집한 결과 이부의장도 후퇴 할 수밖에 없었다. 그 후 각 군 또는 관으로부터 여러 잡음이 들렸지만 별로 문제시하지 않고 내 뜻대로 선발하여 약 2주간 육군본부 대강당에 모아 놓고 합동훈련을 시켰다(최홍희, 1997, p. 404).

국군태권도시범단은 1959년 3월까지 동남아시아의 여러 국가를 방문하였으며, 이 방문은 최초의 태권도 해외 순회 시범으로 기록된다. 시범단은 필리핀, 베트남, 대만 등을 순회하면서 태권도시범을 선보였으며, 특히 베트남에서의 태권도시범은 폭발적인 인기를 끌었고, 이때 고딘디엠 대통령은 시범 기간을 1주 더 연장해 줄 것을 요청했다고 한다. 본래 2주 계획으로 파견된 시범단은 베트남에 1주일을 더 머물면서 3주 동안 12차례의 시범을 선보였다. 시범을 구경하러 온 관중은 인산인해를 이루었으며, 장애물을 넘어 뛰어 차는 이단옆차기를 호기심 어린 눈빛으로 지켜보았다고 기록되어 있다(허인욱, 2008).

국군태권도시범단은 매력적인 태권도시범을 선보였고, 이를 통해 한국과 베트남의 우방관계를 강화시켜주었다. 또한, 이것은 한국 태권도의 역사에서 최초의 해외 태권도시범으로 기록되었다. 이후 국군태권도시범단은 대만에서도 두 차례 시범을 선보였는데, 군인 특유의 절도와 패기로 무장한 시범단원들의 위력적인 시범을 목격한 관중은 시범이 끝난 후 일제히 기립하여 "대한민국 만세!", "이승만 대통령 만세!" 등을 외치며 환호하였다고 한다(강원식, 이경명, 2002). <그림 6>은 국군태권도시범단의 위력적인 격파시범을 관람하기 위해 모여든 관중들의 장면이다.

*최광근(2011, p. 36)

<그림 6> '국군태권도시범단'의 장애물 이단옆차기 시범 및 관람 장면

이렇게 국군태권도시범단은 민간외교관으로서 타국에 한국을 홍보하는 데 중요한 역할을 담당하였으며, 태권도의 세계화에도 크게 기여하였다. 이와 같은 해외시범을 계기로 대한태수도협회는 태권도의 해외보급을 위해 더욱 많은 노력을 기울였으며, 이 과정에서 국가를 대표하는 '태권도 친선사찰단'이 결성되었다.

정부는 국무회의에서 13명의 태권도사절단 순회계획을 의결하고, '태권도 친선사찰단'을 결성하여 1965년 3월 20일부터 5월 20일까지 60일 동안 이탈리아, 네덜란드, 프랑스 독일, 세네갈, 다호메이, 아이보리코스트, 에티오피아, 나이지리아, 카메룬, 중앙아프리카, 레바논, 이란, 이라크, 요르단, 사우디아라비아, 인도, 아랍공화국 등 18개국에 파견하였다. '태권도 친선사찰단'은 여러 국가를 순방하면서 다양한 시범활동을 펼쳐 한국을 알리는 민간외교관의 역할을 충실히 이행하였다(조선일보, 1965. 02. 17).

또한, 같은 해 9월에 정부로부터 승인받은 '태권도 친선사찰단', 일명 '구아 사절단'은 최홍희를 단장으로 하고, 권재화, 박종수, 김중근, 한차교 등 4명을 단원으로 하여 해외 순방길에 나섰다. '태권도 친선사찰단'은 이탈리아, 터키, 독일, 말레이시아, 싱가포르 등 5개국을 순회하면서 모두 12차례에 걸쳐 태권도시범을 선보였다. 시범단은 가는 곳마다 큰 인기를 끌었으며, 코리아 태권도 선풍을 일으켰다. 시범단원 중 한차교, 박종수는 뛰어난 발차기 명수였고, 김창근, 권재화는 뛰어난 손기술의 명수였는데 주먹 지르기, 손끝, 손날 격파의 고수로 알려지게 되었다(강원식, 이경명, 2002).

'국기태권도 친선사찰단'의 노력으로 말미암아 말레이시아에서 1965년부터 1967년까지 2년 동안 한국인 사범이 1,600여 명에게 태권도를 지도할 수 있었으며, 이를 계기로 김복만은 말레이시아의 수상 라만의 관심을 받게 되었다(조선일보, 1965. 04. 15).

이렇듯 '국기태권도 친선사찰단'은 유럽 및 동남아 지역에 태권도의 홍보와 우수성을 알리는 데 큰 공을 세웠다고 할 수 있다.

한편, 형제국가로서 동맹을 맺었던 대만은 태권도를 군대에 도입하여 국방력 향상을 꾀하였고, 태권도 강대국으로 변신할 수 있었다. '국기태권도 친선사찰단'은 1967년 1월 18일에 홍성인 중령을 단장으로 하고 육군 소령 노효영과 정영휘, 공군대위 이영환, 해병대위 강석정 등 5명을 단원으로 하여 처음으로 대만에서 시범을 보이게 된다. 1967년 6월 15일에는 대만의 총통 장개석이 까오슝(高雄)시에 위치한 해병학교를 방문하여 태권도시범을 관람하였으며, 찬사를 아끼지 않았다고 한다(양현석, 2006a). 그리고 1967년 '태권도 친선사찰단'은 태국 주재 미군의 태권도 지도를 위해 태국을 방문하였다. 최승하를 단장으로, 7명으로 이루어진 시범단은 1년간 태국에서 태권도를 지도하였고, 이를 통해 태국에 태권도를 전파할 수 있었다(조선일보, 1967. 02. 14).

태권도시범단은 베트남을 필두로 대만, 말레이시아, 태국 등지에 파견되어 군사외교 강화는 물론이고 국가 간의 관계 개선에도 기여하였다. 또한, 동남아시아뿐만 아니라 미국, 유럽, 아프리카, 남아메리카 등지에도 파견되어 태권도의 우수성과 한국을 알리는 민간외교관의 역할을 톡톡히 하였다. <그림 7>은 당시 '태권도 친선사찰단'의 장면이다.

*사단법인 ITF 태권도협회(2008, p. 181)

*사단법인 ITF 태권도협회(2008, p. 182)

<그림 7> 1965년 '국기태권도 친선 사찰단' 장면

3. ITF 창설

초창기 태권도의 세계화에 힘썼던 ITF가 창설하게 된 배경을 알아보도록 하자. 전군에 태권도를 보급하기 위해 노력해왔던 최홍희는 1959년 3월 중순 국군태권도시범단의 단장을 맡아 우종림과 한차교를 포함하여 19명으로 구성된 국군태권도시범단을 이끌고 베트남, 대만을 방문하여 해외에서 최초로 태권도시범을 선보였다. 이를 계기로 태권도시범단의 해외파견이 활발하게 이루어졌다. 특히 1960년대에 베트남에 파견된 태권도교관단의 태권도시범은 베트남전에 참전한 다른 나라의 군인들에게 태권도에 대한 깊은 인상을 심어주었고, 이를 계기로 태권도는 해외로 진출할 수 있게 되었다. 다음 기사는 당시 최홍희의 활동상황을 다음과 같이 소개하고 있다.

> 1962년 최홍희는 신군부정권에 의해 예편하여 말레이시아의 초대 한국 대사로 부임했는데 역시 대사의 직책보다는 오히려 태권도의 전도사도로서 정열을 기울임으로 동남아 전역에 태권도 전파의 완전한 기틀을 마련하였다(사단법인 ITF 태권도협회, 2008, p. 180).

최홍희는 태권도가 국제화됨에 따라 여러 나라에 흩어진 지도자들과 수련자들을 효과적으로 관리할 수 있는 국제기구가 필요하다는 점을 깨달게 되었다.

최홍희는 말레이시아 대사로 있으면서 1963년에는 말레이시아에 태권도 협회의 창설을 주도하였고, 1964년 가을에는 “태권도를 더욱 발전시켜 전 세계에 보급함으로써 나의 정신과 기술을 후세에 남기고야 말겠다!"고 결심하고 태권도의 기술 개발에 온 힘을 쏟았다. 그는 처음부터 태권도와 가라테를 확연히 구분할 의도에서 천지 틀과 단군 틀을 만들어 가라테형인 태극형을 대체하였고, 기존에 있던 화랑, 충무, 계백, 을지 틀을 합해 모두 20개의 틀을 완성시켰다. 그는 창헌류 24개 틀 중 나머지 4개 틀을 1966년에 개발하기는 했지만 사실상 말레이시아에서 자신의 태권도기술을 완성했다고 말할 수 있다(최홍희, 2000).

최홍희는 오랜 연구 끝에 태권도 본연의 창헌류 틀을 완성하였으며, 베트남에서 백준기 단장에게 지시하여 이를 전군에 보급하도록 하였다. 또한, 동년 2월에는 싱가포르에 태권도협회를 조직하도록 했고, 브루나이를 포함한 동부 말레이시아에도 태권도를 보급하도록 하여 브루나이에 태권도협회를 조직할 수 있는 기초를 마련하였다. 그해 말 최홍희는 귀국하여 다시 대한태권도협회장 직책을 맡아 태권도계를 정리하는 정화사업에 착수한다(사단법인 ITF 태권도협회, 2008).

1965년에는 최홍희를 단장으로 박종수, 한차교, 김중근, 권재화 등 4명의 '태권도 친선사찰단'을 만들어 유럽과 아프리카를 순회하면서 시범을 선보였고, 국가마다 순회하면서 태권도협회를 조직하고 이어 ITF를 창설할 수 있는 토대를 마련했다. 그 후 최홍희는 해외 시범을 마치고 돌아온 즉시 국제기구 창설을 서두르게 되지만, 이에 대한 지식도 빈약한데다 주위에 의논할 만한 사람이 없어 많은 어려움을 겪는다. 결국 그는 기구의 명칭, 편제, 규약, 깃발, 유단자 배지, 인사 등과 관련된 모든 업무를 스스로 처리하여 1966년 3월 22일 베트남, 말레이시아,

싱가포르, 이탈리아, 서독, 미국, 터키 등 아홉 개국 대표단이 참가한 가운데 서울 조선호텔에서 한국 최초의 태권도 국제기구인 ITF가 창설되었고, 최홍희가 초대 총재에 취임한다. 이에 대해 최홍희는 다음과 같이 회고하였다.

> 내가 앞날 태권도를 전 세계에 보급하고 그것을 더욱 잘 육성하여 유기적으로 지휘할 목적으로 이에 국제태권도연맹을 창설하였으니 이것이 우리 반만년 역사에서 처음인 국제기구의 본부이다(최홍희, 2000, p. 90).

ITF가 창설되고, 1968년 홍콩에서 제1회 아시아 태권도 선수권대회가 개최된 이후 태권도의 해외 보급은 급물살을 타게 된다. ITF는 무도성에 기반을 둔 기술과 동작을 통해 태권도를 전파하려고 노력하였으며, 엄청난 파괴력과 위력적인 격파시범이 힘을 바탕으로 구성되어 여러 나라에서 선보여졌다.

태권도의 세계화 전략으로 창설된 ITF는 태권도의 명칭 통합과 태권도 역사적 전통성 마련의 문제를 동시에 해결해주었다. 당시 태권도의 보급방법은 시범을 통한 홍보였으며, 이승만 정권 때부터 대한민국 창립 군(軍) 구성원이었던 최홍희[8]는 군대에서부터 준비한 조직과 권세를 활용하여 ITF를 창립할 수 있었다. 그리고 그가 개발한 창헌류 24개

---

8) 그러나 최홍희는 정치적인 이유로 인해 캐나다로 망명하였지만, 그 곳에서도 태권도시범과 세미나를 통해 국제태권도연맹과 세계태권도연맹, 가라테의 기술에 대한 차이점을 설명하면서 국제태권도연맹의 태권도가 '진짜 태권도'라고 주장하였다.

틀은 민족사상을 기초로 하고 있으며, 그 명칭은 민족을 대표하는 인물 이름으로 되어있었기 때문에 한국의 역사와 문화로 자연스럽게 연결되었고, 그것의 보급은 민족문화의 보급을 의미하게 되었다. 최홍희는 '예의, 염치, 인내, 극기, 백절불굴'이라는 태권도 정신을 창안하여 기술보다 무도 정신을 강조하였으며, '국기 태권도'라는 용어를 최초로 사용했다(김동규, 김기홍, 김용규, 2004). 뿐만 아니라 태권도의 발전과정에서 시범단을 구성하여 세계 각국을 순회하며 선보인 태권도시범은 해외에 태권도를 홍보하고 보급할 수 있는 계기를 마련해 주었다.

제2절 시범의 형식과 내용

1. 시범의 형식

태동기 태권도시범은 각 도장에서 승급 심사나 연무대회가 개최될 때 관의 홍보 및 개인 수련기량 연마를 보여주는 시범 또는 해외에 태권도를 홍보하기 위한 목적으로 이루어졌다. 당시의 시범은 무도성을 기반으로 실전성을 과시할 수 있는 기술과 동작들로 구성되었다.

태동기 태권도시범은 1965년 대한태수도협회에서 대한태권도협회로 공식 명칭이 변경될 때까지 당수도, 공수도, 화수도, 수박도, 태수도

시범이라는 명칭으로 불렸다. 태동기 시범단의 구성은 "주로 군인으로 구성되었고 이는 베트남전 파병에 따른 국군태권도교관단의 파견 때문이었다. 그러나 이 역시도 조직적으로 정해진 것이 아니라 시범이 필요할 때마다 각 관(館)에서 시범에 능력이 있는 한두 사람을 추천받아 시범단으로 구성하여 그때그때 시범을 하였고"(장권, 2002, p. 163에서 재인용), 구성원은 최홍희를 주축으로 한 군인이 대다수였으며, 간혹 민간인 사범들도 선발되어 파견되었다. 당시 시범이 이루어졌던 장소는 각 관의 도장이나 연무대회가 열리는 강당이나 노천(운동장)이었다.

태동기 품새 형식은 각 관의 지도자에 따라 차이가 있었는데 이에 대해 이규형은 "그때만 해도 … 팔괘 품새가 시작되기 전에는 여러 가지 형이 있었지"(이규형 인터뷰, 2013년 2월 25일)라고 말했다. 당시에 나타난 형들의 종류는 광복 이후 1950년대는 주로 각 관의 무예형태에 따라 차이가 있었는데 이를 살펴보면 청도관은 가라테형인 태극, 평안, 철기, 발새 등의 품새를 시연했으며, YMCA권법부에서는 단권(短拳), 장권(長拳), 토조산과 팔기권, 그리고 태극권 형(型) 등과 봉술, 도술 등을 시연하였다. 또 무덕관에서는 가라테의 형과 함께 담퇴, 소림장권, 태극권 등이 주로 행하여졌다.

그러면서 1960년대에는 자신의 호를 따서 만든 최홍의 창헌류, 평안형, 철기류, 이교윤의 한무관형, 그리고 여러 지도자가 모여 공동으로 만든 대한태권도협회 제정 품새인 팔괘 등과 같은 여러 가지 품새가 선보여지게 된다. 또한, 시범은 개인의 특기에 의존한 형태로 이루어졌다. 그러나 1960년대까지만 해도 ITF가 주도권을 잡고 있었기 때문에 최홍희가 만든 창헌류가 주로 시범에서 이뤄지고 해외로 알려졌으며, 나머지 품새들은 국내의 민간도장에서만 수련되었다.

태동기 시범용어에 있어서도 1960년대까지는 일본 가라테에서 사용하는 기술용어의 한자어가 그대로 음역(音譯)되어 사용되었다. 예컨대 정권, 관수, 수도, 족도, 기마자세, 전굴세, 후굴세, 상단, 하단, 대련, 형 등과 같은 용어들을 사용하였다(송형석 외, 2005). 그리고 시범에서 주로 사용된 소품들은 기와, 벽돌, 송판(2, 3센티), 총과 검, 얼음 등이다.

2. 시범의 내용

태동기 태권도시범의 기술은 태권도를 홍보하기 위해 위력적인 장면을 많이 선보였다. 그래서 시범의 내용은 무도성을 강조한 실전성 위주의 기본동작, 품새, 호신술, 겨루기 등의 단일 위력기술들로 이뤄졌다. 이러한 상황은 1965년 '태권도 친선사찰단'이 선보인 내용에 대한 당시 일화와 인상 깊었던 일들을 최홍희는 그의 회고록에 다음과 같이 설명하고 있다.

> <이태리 로마에서>
>
> 예술의 나라로 알려진 이태리에서의 시범은 군부 주관 하에 실시되었다. 장소는 독재자 무솔리니가 건설한 신로마에 있는 올림픽 농구경기장이었다. … 이때의 관심이 어느 정도였는가는 다음 두 가지만으로도 충분히 알 수 있다. 하나는 한차교 선수가 6척이 넘는 군인 두 사람의 어깨를 뛰어 넘으면서 송판 2매를 차서 깨뜨리자 관중은 일제히 "와우" 하고

탄성을 올리면서도 혹시 매직(눈속임)이 아닌가 하는 의심을 가져 똑같은 장면의 반복을 요구해 왔다. … 그리하여 한차교 선수가 다시 나와서 사람들을 그대로 세워놓고 다시 한 번 뛰어넘어 신나게 깨뜨림으로써 눈속임이 아님을 증명해주어 관중을 열광케 했다. 이것이 내가 수많은 시범을 지휘하던 중 똑같은 장면의 반복 시범과 육성대신 박수로 앙코르를 받은 첫 케이스였다. … 다음 하나는 박종수 선수가 약 2cm씩 되는 송판 7매를 차서 깨뜨렸을 때이다. 이때 보는 사람들은 손에 땀을 쥐며 실감을 느꼈겠지만 하도 세게 찼기 때문에 송판을 붙잡고 있던 군인들의 손바닥이 터지고 손목이 상하는 등 한동안 야단법석을 치렀다(최홍희, 2000, pp. 71-87).

최홍희(1973)는 저서 『태권도교서』에서 1965년 '태권도 친선사찰단'이 유럽, 아프리카, 중동 및 아시아에서 선보인 시범 프로그램은 단순한 기본 동작과 단순 위력 및 도약 격파시범으로 이루어졌다고 기록하고 있어 태동기 시범내용에 대한 구체적인 정보를 제공해주고 있다.

태동기의 중점적인 시범 기술과 관련하여 1968년도 베트남 백마부대 태권도시범단으로 활약한 김정광은 다음과 같이 말했다.

擊破(격파)는 體重(체중)의 集中(집중), 精神(정신)의 集中(집중) 그리고 不斷(부단)한 修練等(수련등)이 三位一體(삼위일체)가 되어 이루어지는 跆拳道(태권도)의 또 하나의 精隨(정수)이다. 擊破(격파)의 種類(종류)에는 손날격파, (정권)격파, 손등격파, 역손날격파, 손끝격파, 장애물격파, 양 어깨넘어차기, 돌려차기, 높이차기 등으로 多樣(다양)하며 … 여러 가지이다(대한태권도협회, 1974, p. 85).

또한, 당시 서울신문체육부기자였던 최창신은 시범 내용과 관련하여 "품세(型)와 겨루기를 약간 곁들인 여러 가지의 격파, 격파는 주먹으로 기와 15장을 부수거나 손날(手刀)로 벽돌 1~2장을 깨뜨리는 것 돌려차기, 앞차기, 뛰어차기, 장애물 넘어차기 등의 송판격파 등 10여 종이었다"(대한태권도협회, 1973, pp. 56-57)고 쓰고 있다.

초창기 태권도시범기술에 대해 조금 더 자세하게 알아보자. 최홍희는 자신의 저서 『태권도교서』 에서 1965년 '국기태권도 친선사찰단'이 구라파, 아프리카, 중동 및 아시아에서 여러 가지 태권도기술을 선보였다고 기록하고 있다. 당시의 시범프로그램에 소개된 위력격파 기술에는 앞 주먹으로 기와 15매 격파, 손날로 벽돌 1매 격파, 손끝으로 2센티 송판 1매 격파, 등주먹으로 3센티 송판 2매 격파, 지르며 차기로 기와 4매 격파, 옆차기로 3센티 송판 3매 격파, 돌려차기와 반대돌려차기로 3센티 송판 3매 격파 기술 등이 있었다. 이에 관한 내용은 장권이 행한 인터뷰에도 잘 나타나 있다.

> 초창기는 격파시범 중에서도 위력격파에 초점을 맞추었어요. 일단은 태권도가 이러한 강력한 힘과 파괴력을 갖고 있다는 것을 보여주는 것이 일차적인 목적이었으니까요.<J관장 면담내용>(장권, 2002, p. 165).

> 당시(초창기)는 위력격파를 여러 가지 형태로 보였었는데 대개는 단 한방에 끝내는 즉 일격필살이라고 할까? 아무튼 벽돌, 송판, 얼음, 기와 부럭크 등을 단번에 깨부수는 그런 시범이 주를 이루었지요.<B관장 면담내용>(장권, 2002, p. 165).

이러한 위력격파는 개인이 종합적인 기술들을 이용하여 격파하는 형식을 띠고 있는데, 1968년에 베트남 백마부대 태권도시범단으로 활약한 김정광은 이를 종합격파라고 불렀다(대한태권도협회, 1974). 또한, 도약격파로는 뛰며 높이 차기로 기와 1매 격파, 어깨 위를 뛰어넘으며 발칼로 기와 1매 격파, 뛰며 앞차기와 돌려차기로 기와 2매 격파, 뛰어 돌며 차기[9]로 3센티 송판 3매 격파, 8명을 뛰어넘으며 3센티 송판 2매 격파, 뛰며 비틀어 차기로 머리 위에 있는 기와 1매 격파, 뛰며 돌려차기로 머리 위에 있는 기와 1매 격파, 오토바이를 뛰어넘으며 기와 1매 격파 등의 격파기술 등이 있었다. 대련에는 약속대련, 자유대련, 족기대련, 1대2의 자유대련 등이 이루어졌다(최홍희, 1973). <그림 8>은 김정광이 직접 종합격파를 하는 장면이고, <그림 9>는 태동기에 선보여졌던 도약격파의 한 장면이다.

9) "차는 방법은 뛰는 자체 이외에는 돌려차기의 그것과 동일하며 주로 안면 그러나 가슴 혹은 명치도 공격 목표가 된다. 앞꿈치가 주 무기이기는 하나 간혹 발끝 또는 발등도 사용 된다"(최홍희, 1973, p. 190).

*대한태권도협회(1974, p. 85)

<그림 8> 1968년 베트남 백마부대 태권도시범단 김정광의 격파 장면

*최홍희(1973, pp. 494-495)

<그림 9> 태동기 도약 격파 장면

1968년 11월 싱가포르 및 인도네시아에서 태권도 보급차원에서 펼쳐진 태권도시범에서 기존의 도약격파와는 다른 종류의 새로운 도약격파 기술인 가위차기가 시도되었다. <그림 10>은 당시 선보였던 가위차기 기술의 시연 장면이다.

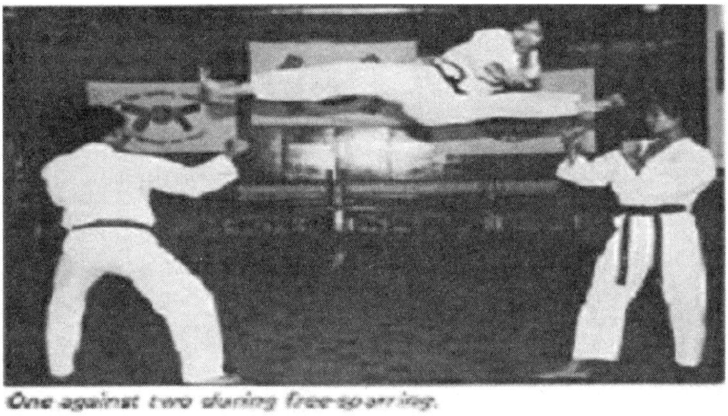

*최광근(2011, p. 31)

<그림 10> 우재림의 가위차기 장면

호신술의 내용에는 잡혔을 때 푸는 방법, 던지기, 대 총검 및 대 단도 등이 있다. 특히 당시의 호신술 시범은 군사무술의 형태를 띤 맨몸 호신술, 총검 호신술, 봉 호신술 등의 형식으로 구성되어 태권도가 실전 상황에서 적을 격퇴할 수 있는 효과적인 수단임을 보여주어야만 했다. 장권은 당시의 호신술시범에 참여한 태권도인을 인터뷰하여 그 내용을 다음과 같이 밝히고 있다.

그때의(초창기) 호신술은 총검대련, 단검대련 등이 주를 이루었지요. 이런 것은 전쟁 등으로 격투상황에서 맨몸으로 무기를 지닌 적과 대적하는 형태로 당시의 사회적 세태로 인한 장면이 아니었나 생각합니다<관장 면담내용>(장권, 2002, p. 166).

<그림 11>은 대련을 통한 태권도의 실전성을 입증하는 시범 장면이다. 이것은 1968년 싱가포르 및 인도네시아에서 펼쳐진 김복만, 우재림의 총검 호신술 시범 장면이다.

Mr. Kim Bok Man and Mr. Woo Jae Lin demonstrating defense technique against knife attack in Singapore, 1968. Bayonet technique demonstrated by Kim Bok Man and Woo Jae Lim in Singapore, 1968.

*최광근(2011, p. 30)

<그림 11> 호신술 시범 장면

초창기 태권도시범은 태권도의 무도적 성격을 과시하기 위한 위력적 기술들로 이루어졌다. 이와 같은 사실은 1965년 '국기태권도 친선사찰단'의 시범프로그램에 잘 나타나 있다. <표 1>은 1965년 '국기태권도 친선사찰단'의 시범프로그램이다.

<표 1> 1965년 '국기태권도 친선사찰단' 시범프로그램

순서내용	시범자
1. 뛰며높이 차기로 기와 1매 격파	/ 6단 한 차 교
2. 기본동작 (단체)	/ 5단 김 준 근
3. 천지형	/ 5단 권 재 화
4. 모범대련	/ 5단 박 종 수
5. 앞주먹으로 기와 15매 격파	
6. 화랑 형	
7. 자유대련	
8. 손칼로 벽돌 1매 격파	
9. 옆차기로 3센티 송판 3매 격파	
10. 계백 형	
11. 자유대련	
12. 어깨 위를 뛰어넘으며 발칼로 기와 1매 격파	
13. 뛰며 앞차기와 돌려차기로서 기와 2매 격파	
14. 잡혔을 때 푸는 방법(호신술)	
15. 포은 형	
16. 족기대련	
17. 뛰어돌며차기로 3센티 송판 3매 격파	
18. 1 대 2의 자유대련	
19. 던지기 (호신술)	
20. 돌려차기와 반대돌려차기로 3센티 송판 3매 격파	
21. 대총검 및 대 단도 (호신술)	
22. 손끝으로 2센티 송판 1매 격파	
23. 최영 형	
24. 8명을 뛰어넘으며 3센티 송판 2매 격파	
25. 뛰며 비틀어 차기로 머리 위에 있는 기와 1매 격파	
26. 등주먹으로 3센티 송파 2매 격파	
27. 문무 형	
28. 뛰며 돌려차기로 머리위에 있는 기와 1매 격파	
29. 지르며 차리고 기와 4매 격파	
30. 유신 형	
31. 오토바이를 뛰어 넘으며 기와 1매 격파	

이상에서 살펴보았듯이 태동기의 태권도시범은 주로 손과 발을 이용한 위력격파와 도약격파, 기본 동작(단체), 대련 그리고 품새와 호신술 등으로 이루어져 있었다. 다시 말해 태동기의 태권도시범은 태권도의 위력을 과시하고 실전성을 강조하기 위한 격파기술, 호신술동작, 대련, ITF 스타일의 창헌류 품새 등으로 구성되어 있었다. 그 이유는 ITF를 창설했고 당시 태권도의 육성과 보급을 주도했던 최홍희가 태권도시범에서 태권도가 지닌 무도성을 드러낼 수 있어야한다고 강조했기 때문이다. 이와 같은 특징을 지녔던 태권도시범은 1970년대에 들어서면서 적지 않은 변화를 겪게 된다. 새롭게 태권도계의 주도권을 장악한 김운용이 태권도의 스포츠적 성격을 부각시키려고 노력했기 때문이다.

제3절 요약

태권도시범의 태동기라고 할 수 있는 광복 이후부터 1960년대까지 태권도시범과 관련하여 주목할 필요가 있는 사회 상황과 사건은 광복과 기간도장의 태동, 관의 통합과 대한태권도협회의 결성, 한국군 월남파병 등이었으며, 태동기 태권도시범의 출현과 발달 양상은 다음 세 가지로 요약된다.

첫째, 태권도시범은 이 시기에 최초로 국가를 대외적으로 알리는 홍보수단으로 활용되었다. 그 출발점은 1950년대 초반으로 거슬러 올라간다. 1953년 육군 제29사단 사단장이었던 최홍희는 군 최초의 태권도교육기관 창립 1주년을 기념하여 이승만 대통령이 지켜보는 가운데 공수도 시범을 선보였으며, 이를 계기로 태권도라는 명칭이 탄생하였고, 태권도는 한국군 전체에 보급되기 시작했다. 1958년 월남의 고딘디엠 대통령이 한국을 방문하여 전방을 시찰하면서 국군의 태권도시범을 관람하게 되었고, 귀국 후 한국 태권도시범단을 초청하게 된다. 1959년 3월 최초로 해외 순방길에 오른 국군태권도시범단은 동남아 여러 국가를 순회하면서 태권도시범을 선보였다. 당시의 태권도시범단은 군인 위주로 구성되어 있었으며, 한국을 외국에 알리는 중요한 홍보대사 역할을 담당하였다.

둘째, 당시의 태권도시범은 최홍희가 창설한 ITF 수련체계 방식에 따라 이루어졌다. 최홍희는 태권도와 가라테의 차이를 강조하기 위하여 많은 노력을 기울였으며, 결국 창헌류 틀이라는 독창적인 품새를 창안하였고, 이것을 전 세계에 보급하고 활성화할 목적으로 국제단체인 ITF를 창립하게 된다. 최홍희가 시범단을 구성하여 세계 각국을 순회하면서 선보인 태권도시범은 ITF 스타일 시범으로, 여기에는 창헌류 틀과 각종 격파 등이 포함되어 있다. 이를 통해 태권도는 일본의 가라테와 기술적으로 다른 한국 무예라는 점을 부각할 수 있었다.

셋째, 당시 최홍희를 중심으로 한 군인 중심의 태권도시범은 형식에서 ITF가 지향하는 무도성을 기반으로 하였다. 여기서 무도성은 무엇보다도 진지하고 엄숙한 분위기에서 태권도의 실전적 가치를 드러낸다는 의미이다. 따라서 시범의 주요 내용은 개인의 위력을 과시하는 격파와 창헌류 틀로 이루어져 있었다. 시범의 내용은 기본동작의 집단적 시현, 손, 발, 이마를 이용한 위력 격파, 뛰어넘기와 뛰기를 이용한 도약 격파, 일대일(一對一) 또 일대다(一對多) 실전 대련, 창헌류 틀, 호신술 등이었다.

제4장

태권도시범의 성장기

(1970년대)

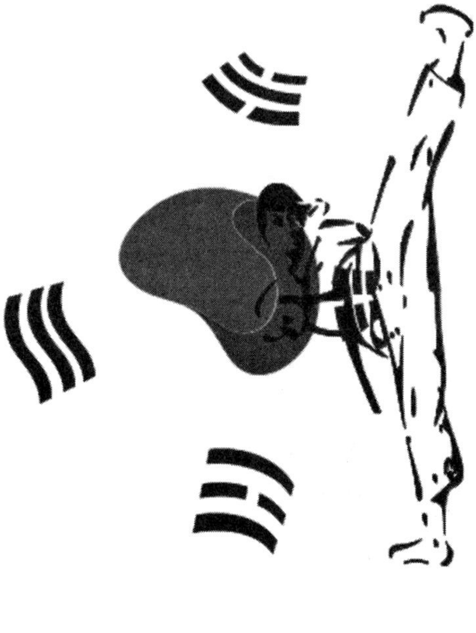

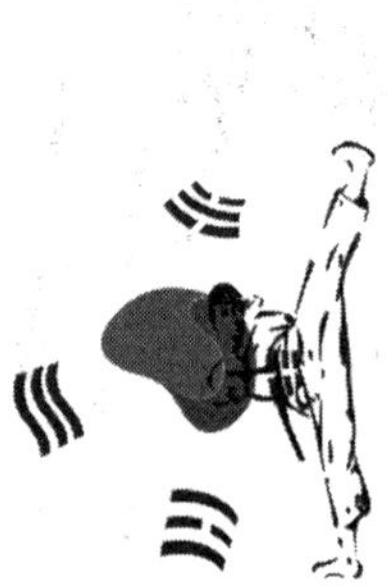

제1절 시대적 상황과 주요 사건들

1. 국기원 건립

대한태권도협회의 중앙도장인 국기원은 1972년 11월 30일 서울시 역삼동 산 76번지 구릉 위에 건립되었다. 당시 태권도지도자들은 태권도를 성장, 발전, 육성시키기 위해서는 여러 갈래로 흩어져 난립하고 있던 도장들을 하나로 통합하여 관리 할 수 있는 중앙도장이 필요하다고 생각했다. 국기원이 건립되기 이전에 승단 심사는 한성여자고등학교 체육관에서 이루어졌고, 전국체전의 태권도대회는 서울운동장 배구장에서 열렸다. 외국에서조차 수많은 태권도도장이 있는 상황에서 정작 태권도 종주국인 한국에 외국인수련자들에게 보여줄 중앙도장이 없다는 것은 태권도 종주국으로서 부끄러운 일이었다. 그렇기 때문에 태권도중앙도장을 건립하는 것은 모든 태권도인의 염원이었다(국기원, 1997).

이에 따라 태권도의 위상을 높이려는 노력이 1969년부터 추진되었으며, 대한태권도협회 김용채 회장은 태권도 국기화를 위한 법을 제정하기 위해 노력하였을 뿐만 아니라 1억 원의 기금을 마련하여 태권도중앙도장인 국기원 기공을 추진하려고 계획하였다. 김용채 회장의 후임으로 대한태권도협회 회장에 취임한 김운용은 그의 공약사업이자 모든 태권도인의 간절한 염원이었던 중앙도장의 건립을 착수하게 된다(국기원, 1997).

태권도중앙도장이 건립됨에 따라 국제적으로 명성을 떨치고 있던 한국 태권도가 종주국의 위상과 더불어 행정적 인프라를 갖추게 되었다. 1973년 2월 6일 대한태권도협회 중앙도장은 전 세계 태권도 전당인 '국기원'이라는 명칭을 부여받았으며, 1974년 8월 7일 재단법인으로 거듭나게 된다.

국기원은 설립 이후 태권도 대표기구로서의 역할과 위상을 지니게 되었고, 자신의 역할과 위상을 확고히 하기 위해 승품·단 심사 단일화, 국내·외 사범 자질향상 교육, 국제 및 국내 경기대회 유치 및 개최, 태권도 기술개발 등의 업무를 일원화하였다. 국기원은 태권도를 통한 국위선양과 국민 체육 발전에 이바지함 등을 목표로 내걸고 여러 가지 사업을 추진하였다(서성원, 2012).

국기원이 건립된 이후 태권도와 관련된 모든 교육과 대회는 국기원에서 이루어졌다. 국기원이 주관한 초대 대회는 1973년 5월 제1회 세계태권도선수권대회였다. 이듬해인 1974년 제1회 아시아태권도선수권대회가 열렸으며, 그 외에 국내 태권도대회들도 대부분 국기원에서 열렸다. 또한, 1974년 5월 제1회 국제태권도심판강습회가 국기원에서 열렸고, 여기서 태권도의 국제 경기 진행에 필요한 제반사항이 결정되었다.

1978년 8월 7일 태권도계의 오랜 숙원이었던 관(館)의 통합을 이루기 위해 국기원장 김운용(金雲龍)의 주도 하에 태권도 총본관이 발족되었다. 이와 함께 지난 30년 동안 제각기 나름대로 존속, 유지되어왔던 10개의 관들이 해체되고 총 본관으로 통합되었다. 그때까지 승품·단

심사는 계열 및 계파별로 사정·추천되어 왔는데, 이후부터 이 일을 총본관이 단독으로 추천함으로써 태권도 승품·단증 발급업무가 단일화될 수 있었고, 1980년 3월 1일에는 승품·단 심사업무가 대한태권도협회에서 국기원으로 이양되었다. 또한, 국기원은 1982년 9월 1일자로 태권도지도자연수원을 개원하였으며, 이듬해 11월 29일 이것을 국민체육진흥법 시행령 제22조 제2항에 의거 국가 공인 '태권도지도자연수원'으로 지정받았다. 이에 따라 연수원에서는 합격자들에게 사범 자격증과 3급 생활체육지도자 자격증을 발급해 줄 수 있게 되었으며, 자격증을 발급받은 지도자들은 태권도장을 개설, 운영할 수 있게 되었다(국기원, 1997).

특히 국기원의 또 다른 대표적인 사업은 태권도 시범단의 운영이었다. 대한태권도협회의 주관 하에 1973년 4월 5일 국기원에서 실시된 상설 연무시범단원 선발대회가 이 사업의 시발점이었고, 이듬해인 1974년 9월 6일 국기원 대표 태권도 시범단이 공식적으로 창단되어 본격 가동에 들어가게 된다(국기원, 1997).

국기원시범단이 생겨나게 된 배경에 대해 살펴보면 대한태권도협회는 1973년 이후부터 태권도의 세계화를 위해 국내 및 국제 규모의 태권도대회를 개최하였으며, 관람 또는 참가를 위해 행사장을 찾은 외국인들에게 볼거리를 제공하고 태권도를 홍보할 필요성을 느꼈다. 그때까지 태권도시범은 각종 행사가 있을 때 마다 각 무도관에서 시범 가능한 사범들을 추천받아 임기응변식으로 이루어져왔었다. 그러나 국기원이 태권도시범 전담부서를 만들고 우수한 단원을 선발하여 체계적으로 훈련시킬 수 있게 되면서 시범단의 위상이 높아졌다. 시범단원들은 시범만을 전문적으로 수련하였고 그들의 시범의 기량은 빠르게 향상되었다. 시범에 특화된 단원들의 화려한 시범은 관람자들로 하여금 감탄을 자아내게 하였으며 태권도의 진면목을 충분하게 보여 수 있게 되었다.

국기원시범단이 창단된 초창기에는 시범과 훈련이 임시방편적으로 이루어졌었다. 그렇지만 1978년 4월 18일 PATA총회에서 태권도시범을 보이게 되었고, 이 행사를 위해 최초로 국가대표성인시범단원 선발이 이루어졌다. 당시 국가대표성인시범단원으로 활약했던 최광근은 그때의 상황을 다음과 같이 기록하고 있다.

> 이때 대한태권도협회는 1978년 10개의 각 관에 대표 시범단을 선발한다는 내용의 공문을 발송하여 시범단원 추천을 의뢰하였다. 이때 11명이 참가신청을 하였고, 추천 받은 선수 11명(서중근, 이종관, 유형주, 박인곤, 최봉호, 김현성, 구정회, 차용훈, 조복남, 이신화, 이석수)과 임원 1명(권경욱)을 선발하여 선수 11명, 임원 1명을 위촉하였다. PATA총회에서 태권도시범을 보이기 위해 1979년 3월 5일부터 국기원에 입소하여 합동훈련을 시작하게 되었다(최광근, 2011, p. 38).

국기원은 PATA총회에 참석한 임원들을 초청하여 다양한 태권도시범을 보여주었다. 대한태권도협회의 성인시범단과 미동초등학교 어린이 시범단의 합동시범으로 진행된 당시의 태권도시범은 상식을 뛰어넘는 기상천외한 시범을 보여줌으로써 한국 태권도의 새로운 면모를 알리는 계기가 되었으며, 관람석에서 터져 나오는 열광적인 환호성과 뜨거운 박수갈채는 시범단원들로 하여금 특유한 묘기를 아낌없이 보여주는 동력원으로 작용할 수 있었다(대한태권도협회, 1979). <그림 12>는 당시 PATA 총회에서 시범을 하는 장면이다.

*대한태권도협회(1979, p. 51) *최광근(2011, p. 39)

<그림 12> PATA 총회에서의 시범 및 기념촬영 장면

또한, 1979년 10월 3일에는 한국대표 태권도시범단이 바레인정부 초청으로 바레인을 방문하여 중동국가에서 처음으로 태권도시범을 펼쳤다.

창단 초기 박해만 위원장이 시범단을 맡았으며, 이후 1978년부터는 안영택 위원장이, 1979년부터 1980년까지는 권경욱 위원장이 태권도시범단을 맡았다. 태권도시범단은 대한태권도협회 소속으로 시범활동을 하다가 1981년 1월 1일 국기원에 기술심의회 시범분과위원회가 생기면서 국기원으로 이관되었다. 최광근은 당시의 상황을 이렇게 기록하고 있다.

> 국기원에서는 우선적으로 김영작 단장을 제1대 국기원 시범분과 위원장으로 내정하며 명실상부한 국기원성인시범단이 최초로 탄생하게 되는 역사적인 순간을 맞이하게 되었다(2011, p. 42).

이때까지 국기원은 제1대 국기원 시범분과 위원회위원장에 김영작을 내정하고, 그로 하여금 국기원성인대표시범단 단장을 맡게 하였으며, 이규형이 어린이대표시범단을 맡아 양자를 구분하여 운영하였다. 그 후 1982년 3월 23일 김영작단장은 어린이시범단 단장인 이규형을 시범분과 부위원장에 추천하였으며, 이를 계기로 성인과 어린이시범단은 자연스럽게 합병되었다. 이때부터 국기원시범단(성인 및 어린이)은 대한민국을 대표하는 태권도시범단의 위상을 갖게 되었으며, 김영작과 이규형은 서로 합심하여 이 두 단체를 잘 통합하여 운영해나가게 된다(이규형 인터뷰, 2013년 2월 25일). 국기원은 지난 40년간의 시범단 활동을 다음과 같이 회고하고 있다.

> 각종 국내외의 주요대회 개막식 행사와 사마란치 IOC 위원장, 토마스 켈러 GAISF 회장 등 국내외 저명인사들의 방문 때는 물론 수시로 미주지역, 유럽, 동남아, 남미, 아프리카, 오세아니아 등 전 세계를 순방하면서 태권도시범을 통해 대한민국의 국기인 태권도를 널리 알리고 국위를 선양함으로써 실질적인 민간 외교 사절단으로서의 한 몫을 톡톡히 해왔다(국기원, 1997, p. 93).

태권도시범단의 대표적인 치적으로 1986년 제10회 서울아시안게임, 제24회 서울올림픽대회, 제18회 장애자올림픽대회 등의 개막식 행사를 들 수 있다. 여기에서 최고의 기량을 선보인 태권도시범단의 시범은 세계인들의 이목을 끌기에 부족함이 없었다. 1975년부터 현재에 이르기까지 100회 이상에 걸쳐 세계를 누비며 보여준 순회 시범은 여러 가지 측면에서 크고 작은 외교적 성과를 거두었다. 국기원 대표시범단의 창단으로 말미암아 태권도시범은 한 단계 더 성장하는 계기가 되었던 것이다.

이상에서 살펴보았듯이 국기원이 설립되면서부터 한국은 태권도 종주국의 명성과 면모를 명확히 갖추게 되었다. 이를 계기로 국기원은 1973년 제1회 세계태권도선수권대회 개최와 WTF 발족을 주도함으로써 태권도 세계화의 기틀을 마련하였고, 1970년대 말까지 여러 분파로 난립해 있던 태권도장들을 하나로 통합시킬 수 있었다. 무엇보다 국기원의 태권도 세계화 노력은 여기서 그치지 않고 1974년 국기원시범단을 창단한 초기부터 세계 각국을 순회하며 태권도를 알림으로써 태권도 불모지에서 태권도의 싹을 틔웠을 뿐만 아니라 한국을 대표하는 태권도를 통해 한국의 문화와 정신적 가치를 자연스럽게 세계 각국에 보급하였다. 국기원시범단의 태권도시범은 태권도와 한국문화가 타국의 문화에 자연스럽게 침투하여 각국의 국민들에게 한국에 대한 긍정적인 인식을 심어주었으며, 21세기 한류열풍의 토대를 마련해 주었다. 정부는 2010년 5월 26일 국기원을 재단법인에서 특수법인체로 전환하여 태권도를 하나의 국가 브랜드로 지정하였다. 또한, 태권도에 국가경쟁력을 높이는 선도적인 역할을 부여하였고, 태권도시범을 21세기 문화산업으로 육성하기 위해 다양한 지원을 아끼지 않고 있다.

2. 김운용 체제의 등장과 WTF창설

김운용은 1971년 1월 제7대 대한태권도협회 회장에 취임하였다. 김운용의 등장으로 혼란스럽고 침체되어 있던 태권도계는 천군만마(千軍輓馬)를 거느린 수장(首長)을 한 번에 얻은 것이나 다름없게 되었다. 왜냐하면 김운용은 태권도계를 활기차게 이끌고 나갈 가장 적합한 인물로 평가되었기 때문이다. 김운용의 능력이나 지도력은 탁월한 것으로 정평(定評)이 나 있었다(국기원, 1997). 그런 그는 취임하자마자 자신의 능력을 십분 발휘하여 강력하게 업무를 추진해나가기 시작했다. 그는 자신의 첫 공약사업이자 모든 태권도인의 숙원이었던 태권도전당 국기원을 1년 만에 건립했으며, 태권도 경기규정을 새롭게 통일시키고 태권도지도자 교육을 실시하는 한편, 태권도 세계화를 위해 혼신의 힘과 정열을 쏟아 부었다. 1973년 5월 최초로 제1회 세계태권도선수권대회가 국기원에서 개최되었으며, 그 뒤를 이어 WTF가 창설되었다.

이렇게 김운용은 한국 고유의 무예인 태권도를 지구촌 스포츠로 보급 및 확산시키는 데 필요한 제도적 장치의 틀을 마련하였다. 그는 몸에 배어 있는 세련된 외교적 역량과 국제적 감각을 발휘하여 국제스포츠 무대에서도 맹활약하였다. 김운용은 국제경기연맹총연합회(GAISF)의 극심한 반대에도 불구하고 WTF를 GAISF 정회원으로 가입시켰다. 동북아의 작고 힘없는 나라 출신이었던 김운용은 결국 국제경기연맹총연합회 회장 자리까지 차지하게 되었으며, 마침내는 태권도를 2000년 시드니 올림픽대회의 정식종목으로 채택시키는 역사적인 쾌거를 이끌어 내어 명실공히 세계 스포츠외교의 달인으로 평가받게 되었다. 김운용이 태권도를 국제적 스포츠[10]로 성장시킬 수 있었던 것은 태권도시범을 외교활동의 홍보수단으로 활용했기 때문이었다. 1971년 1월 23일 김운용은 대한태권도협회장에 취임하고 『태권도지』(계간태권도) 창간호를 발간하였는데 발간사에서 다음과 같이 말하였다.

> 태권도의 종주국(宗主國)인 우리 한국은 국제적인 스포오츠로서 널리 보급되고 있는 시점에서 선도적 역할을 담당하여야 할 사명을 가지고 있는 것입니다(대한태권도협회, 1971, p. 12).

김운용체제 하에서 태권도가 국제적 스포츠 종목으로 인정받을 수 있도록 홍보와 외교 수단으로 활용되었던 태권도시범은 어떤 것이었을까? 김운용은 태권도를 스포츠종목으로 인정받기 위해 가장 필요한 것은 태권도시범을 통해 태권도를 홍보하는 것이 가장 빠른 지름길이라고 생각했다. 김운용은 그 일환으로 1972년 뮌헨올림픽대회에서 태권도를 알리기 위한 첫 행보를 시작한다. 본인을 비롯한 지도관의 이종우관장, 청도관의 엄운규관장을 대동하여 뮌헨올림픽대회가 열리기 5일전 서독에 급히 도착하여 각국의 체육회장과 기자들을 불러 대대적인 태권도시범을 보이면서 태권도의 우수성을 과시하였다.[11]

---

10) 태권도의 스포츠화는 일찍이 1963년 제44회 전국체육대회에 시범종목으로 채택되면서부터 발단이 되었으며, 이에 따라 국내의 각 급 학교에서는 태권도 팀을 창단하여 스포츠화에 동참하여, 1972년 국기원의 건립과 더불어 경기태권도의 발전은 국내에서도 최정점에 도달했다. 그 후로 태권도는 무도의 성향보다는 스포츠화를 선택하여 세계화의 길을 걷게 되었다.

당시 김운용은 뮌헨에서 연무시범을 보이기 위해 여느 때와 달리 현지에 있는 한국 출신의 유학생이나 노동자들 가운데에서 태권도수련자를 선발, 시범하게 하였는데 이를 관람한 자들은 경탄을 금치 못했으며 '앙코르'를 연발했다고 한다. 이어 17일에는 국내에서 선발되어 파견된 26명의 연무 시범단이 연무시범을 보였다(대한태권도협회, 1973). <그림 13>은 1972년 당시의 뮌헨 태권도연무대회 포스터이다.

*대한태권도협회(1972b, p. 56)

<그림 13> 뮌헨 태권도연무대회 포스터

---

11) "세계의 스포오츠로서 그 기반을 굳혀 나가는 한국 태권도는 마침내 오는 8월 『뮌헨』 올림픽을 계기로 세계의 체육인에게 그 선을 보이게 되었다. 지난 4월 27일 「오지리」 태권도협회 국가사범으로 활약 중인 이경명 사범이 뮌헨올림픽 한국태권도시범대회를 개최할 준비 차 귀국했다. 대한태권도협회 주최로 「오지리」 태권도협회와 「뮌헨」의 서윤남도장이 공동, 주관할 이번 시범대회는 이미 현지에서 올림픽 조직위원회와 구체적인 합의를 보아 오는 8월 16~17일 양일간에 걸쳐서 그 막을 올리고 최종 결정을 보았다"(대한태권도협회, 1972a, p. 67).

당시 기술심의회 의장이었던 이금우(李錤佑)는 뮌헨 태권도연무대회의 상황을 다음과 같이 기술하였다.

> … 우리 임원이 이곳에 도착한 것은 서울을 떠나 동경(東京)에서 일박한 후 26시간을 '젯트'여객기에 시달린<중략> … 이런 막중한 사명감을 피부로 느끼며 보다 효과적인 「데몬스트레이션」을 위한 현지사범과의 2일간에 걸친 최종 예행과 계획검토로 대한태권도협회가 주최하는 최초의 해외 시범대회의 막을 올렸다. 1972년 8월 16일 「뮌헨」의 중심가에 자리 잡은 「슈바이빙거 · 브로이」백화점 홀에서 1천 300백 명의 관람객이 운집한 가운데 태권도 연무시합이 벌어졌다. …시범을 보인 대부분의 사범들은 이미 수년전부터 독일 혹은 「유럽」 여러 나라에 파견되어 태권도를 지도하고 있던 사범들이 주축이 되어 있었으나, 한국에서 태권도를 수련하다가 유학생으로 와있는 사람 혹은 기술자나 광부 가운데에서 우수한 사람들이 선발되어 묘기를 보임으로써 이날 참관인들은 경탄을 금치 못하고 「앵콜」을 청하기도 했다. 대회 제2일에 속개된 시범은 「올림픽」 참가 각국선수단 및 임원들로서 3백 명의 내외인사가 이날의 대회를 참관 하였다. 김택수 대한체육회회장, 조동표 일간 「스포오츠」 편집부국장, 연병해, 서울신문체육부장 주상점 前복싱연맹부회장 외 사진기자들이 참석한 가운데 총 26명이 연무시범을 벌였다. 이날의 시범이 끝난 뒤 대한태권도협회가 파견한 우리 일행이 소개되자 지금까지 소위 국제연맹이란 단체에 등록되었던 서독의 태권도협회는 기술교류에 대한 협정을 제의 했다(대한태권도협회, 1973, p. 42).

당시 뮌헨 태권도연무대회의 태권도시범은 전 세계에서 모인 1,500여명의 체육인에게 찬사를 받았으며, 이를 계기로 서독태권도협회는 대한태권도협회와 태권도기술교류 협정을 체결하자고 제의하였다(양현석, 2006a).

이상에서 보았듯이 WTF가 창설된 이후 1975년 10월 이 단체가 IOC와 함께 세계스포츠 양대 기구를 이루었던 국제경기연맹(GAISF)에 가입할 수 있었던 것은 태권도 시범을 통한 홍보 덕택이었다. WTF의 국제경기연맹 가입은 ITF나 일본의 가라테 같은 국제 무도단체들과 주도권싸움에서 우위를 점하는 데 있어서 매우 중요한 사건이었다. WTF가 국제경기연맹(GAISF)에 가입하면서부터 태권도는 국제 스포츠세계에 중요한 첫발을 내딛을 수 있었다.

1972년 11월 30일에는 대한태권도협회의 김운용이 취임하고 첫 공약사업이자 모든 태권도인의 간절한 염원이었던 태권도중앙도장인 국기원이 건립되어 개관 테이프를 끊게 되었다. 국기원 개관을 기념하기 위해 시범단은 국내외 귀빈을 포함한 3천여 태권도인이 지켜보는 가운데 월등한 기량의 연무시범을 선보였다. 국기원이 개원하자 김운용은 재빨리 한국이 태권도의 종주국임을 세계에 공인받는 사업을 착수하게 된다. 이중 가장 먼저 한 일이 1973년 5월 세계선수권대회의 개최였다. 아직 세계적 경기단체가 결성되기 전의 일이었으며, 18개국이 참가한 가운데 사상 최초로 세계태권도선수권대회가 개최되었으며, 큰 성공을 거두었다. 이날 개회식의 상황은 다음과 같다.

> 80여명으로 구성된 어린이 연무시범단의 격파·겨루기·품새 등 여러 가지 시범(30분에 걸친 시범)이 다채롭게 펼쳐져 내외 귀빈의 환호를 받았는데, 특히 태권도 종주국을 찾은 외국 선수단들은 시범단을 향해 경탄을 금치 못하는 표정으로 박수를 보냈다(국기원, 1997, p. 75).

김운용의 다음 행보는 WTF의 창설이었다. WTF 조직을 주도한 김운용은 KTA회장과 국기원 원장, WTF의 초대 총재에 추대되어 3대 수장이 된다.

그리고 1974년 5월에 11개국의 관계자가 모인 가운데 제1회 국제심판 강습회를 열었고, 태권도가 국제 경기 진행에 필요한 제반사항을 결정함으로써 태권도의 국제 교류가 활발히 이루어질 수 있는 토대를 마련하였고, 이를 계기로 1974년에는 제1회 아시아 태권도선수권대회가 국기원에서 개최되었다. 이 대회를 축하하기 위해 김봉기 사범과 어린이 시범단, 성인부 박해만 사범의 시범이 펼쳐졌는데, 그들이 펼치는 시범은 신기에 가까워 관중을 매료시키기에 한 치의 부족함이 없었다(국기원, 1997).

그 다음으로 태권도가 국제군인체육회(CSIM)에 정식종목으로 채택되도록 하기 위해서 김운용은 CSIM회의에 참석한 20여명의 참가국 대표들을 국기원으로 초청하게 된다. CSIM 회의에 참석한 20여명의 참가국 대표들은 김운용의 초청으로 9일 상오 11시 국기원을 방문하여 성인시범단과 남대문초등학교 어린이 시범단의 연무시범을 관람하였고, 이들이 선보인 눈부신 기량에 경탄을 금치 못하면서 찬사를 아끼지 않았다(국기원, 1997). 당시 CSIM의 알도 마사디니회장은 시범을 관람하고 소감을 다음과 같이 소회했다.

> 이렇게 훌륭한 태권도 연무시범을 관람하게 되어 아주 기쁘게 생각한다"고 전제한 다음 "태권도가 신체뿐만 아니라 정신 단련에도 효과가 매우 크므로 특히 군사력 향상에 응용하면 좋겠다"고 소감을 피력했다.

> 그 밖의 다른 집행위원들도 "한국 군인들이 태권도로 단련되어 유난히 강하다는 것은 이미 알려진 사실"이라면서 "앞으로 우리나라도 국방체육으로 권장하겠다"고 한결 같이 입을 모았다(국기원, 1997, p. 111).

이와 같은 시범단의 활약으로 인해 4월 10일 태권도는 국방체육으로서 매우 알맞은 스포츠이므로 서방의 여러 국가에도 널리 보급되어야 한다고 강조하면서, 태권도를 국제군인체육대회의 정식 경기종목으로 채택, 신설하기로 결정했다. 그리하여 제1회 국제군인태권도선수권대회가 1980년 11월 1일부터 6일까지 서울 장충체육관에서 개최되었다. 개회식에 이어 화려하게 펼쳐진 공개행사는 시립무용단의 고전무용, 서울미동초등학교, 청산여상, 육군특전사 팀의 태권도시범, 동두천여상의 고적대 연주 등의 다채로운 프로그램으로 참가한 각국 선수들과 임원 내외 귀빈, 관중들을 흥겹게 했다(국기원, 1997).

김운용은 전략적으로 당시 프로복싱의 꽃이라 불리는 복싱 헤비급, 그것도 세계 헤비급 챔피언 타이틀을 10년 동안이나 지켜온 세기의 파이터이자 철권인 "무하마드 알리"를 1976년 5월 27일 초청하게 된다. 김포공항에 도착한 알리가 트랩에서 내려오자 김운용이 스포트라이트를 받으며 직접 다가가서 반갑게 맞이했다. 이튿날 알리는 11시 50분쯤 태권도의 전당 국기원을 찾았다. 김운용 원장의 안내로 경기장 스탠드로열박스에 알리가 도착하자 3층까지 초만원을 이룬 3천여 명의 관중이 일제히 열렬한 환영의 박수를 보냈다(국기원, 1997). 이어 알리에게 김한주 어린이가 어린이시범단을 대표해서 꽃다발을 전했고, 김운용 원장이 도복 및 명예단증과 함께 기념품으로 고대 신라의 모조 금관을 수여하자 알리는 얼굴에 웃음을 머금고 기쁨을 감추지 못했다.

그 후 태권도시범이 펼쳐졌고, 태권도시범은 겨루기 시범과 격파시범을 선보였으며, 겨루기 시범은 실제 경기와 같이 주·부심과 배심원을 배치하여 이루어졌으며, 격파시범은 태권도의 가공할 위력과 놀라운 묘기를 보면서 깜짝 놀란 듯 벌떡 일어나 아낌없는 박수갈채를 보냈다. 태권도시범이 모두 끝나자 알리는 전날 다친 불편한 다리도 아랑곳 않고 경기장플로어까지 내려가 성인 및 어린이시범단 전원과 일일이 악수를 나누었고, 관중들의 열광적인 박수와 환호 속에 아쉬운 작별의 인사를 고하며 예정보다 1시간이나 늦은 시간에 국기원을 떠났다(국기원, 1997).

<그림 14>는 알리에게 명예단증을 수여하는 장면과 태권도시범 관람 장면이다.

*이규형 개인소장 *국기원(1997, p. 115)

<그림 14> 알리의 명예단증 수여 장면과 태권도시범 관람 장면

이와 같이 김운용은 태권도시범을 태권도 홍보와 외교적인 활동의 수단으로 활용한 결과, 1980년 7월 17일에 모스크바에서 개최된 제83차 IOC 총회에서 WTF가 정식으로 승인을 받게 되었다. 태권도가 IOC 총회에서 정식으로 승인을 받고 난 그 다음 해에는 국제 스포츠계의 최고 지도자로 꼽히는 IOC 사마란치 위원장이 1982년 4월 7일부터 10일까지 나흘간의 일정으로 내한했을 때 김운용은 국기원으로 그를 초대하여 태권권도시범을 선보였다. 로열박스에 앉은 사마란치 위원장은 미동초등학교 어린이시범단(사범 이규형)이 펼치는 깜찍스런 어린이들의 태권도시범 묘기가 연출될 때마다 감탄을 연발하며 많은 박수를 보냈다. 김운용 총재는 사마란치 IOC위원장에게 태권도는 기술과 정신이 결합되었다는 점을 비롯하여 태권도의 진수를 일일이 설명해 주자 더욱 경탄을 금치 못하고 깊은 감명을 받은 듯 했다고 한다. <그림 15>는 사마란치 위원장에게 미동초등학교 어린이시범단 김혜수양이 꽃다발을 증정하는 장면과 시범을 관람하는 장면이다.

*이규형 개인소장

<그림 15> 사마란치 IOC위원장에게 꽃다발을 증정하는 모습과 시범관람 장면

그 후 1980년대에 들어서면서 '86서울아시안게임과 '88서울올림픽대회 유치가 확정되고, 양 대회의 성공적 개최를 위한 홍보의 필요성이 대두되면서 김운용은 국가대표 태권도시범단을 적극적으로 활용하기에 이르고 1984년부터 시범단이 본격적으로 활동하기 시작한다. 이 덕분에 김운용은 1986년 10월 제91차 로잔회의에서 사마란치 위원장의 후원으로 IOC 위원으로 선출되었고 며칠 뒤 GAISF 회장에 당선되면서 국제스포츠계에서 막강한 영향력을 행사하게 된다. 1988년 9월에는 IOC 위원으로 선출된 지 1년 11개월 만에 부위원장으로 피선된다.

이렇게 김운용이 국제스포츠계에서 승승장구하면서 태권도는 1995년 2월 5일 마침내 하계올림픽대회 종목으로 국제경기연맹연합(ASOIF)에 가입하게 되고, 2000년 9월 시드니에서 개최된 제27회 올림픽대회의 정식종목으로 채택되는 결실을 낳게 된다. 그 무엇보다 오늘날의 태권도가 명실상부한 국제적인 스포츠로 인정받을 수 있었던 이유는 김운용 전위원이 태권도시범단을 외교적 도구로 활용하여 태권도에 대한 인식을 새롭게 할 수 있었기 때문이다. 시범을 통한 홍보 전략으로 인해 태권도는 세계 스포츠의 무대로 진출하게 되었고 올림픽대회정식종목으로 채택되는 영광을 누리게 된 것이다.

3. 제정 품새의 보급

광복 이후 1960년대는 한국에 가라테가 유입되어 발전해오는 과정이어서 지도자들은 가라테를 한국화 하는 데 온 힘을 기울였다. 그들은 가라테의 명칭과 가라테의 기술용어를 개정하고, 가라테의 기술을 변경하는 등 태권도를 한국의 고유 무술로 만들기 위해 많은 노력을 기울였다. 기술변경을 통한 한국화의 시도는 형의 개정으로부터 나타나 1960년대 중반부터 일부 지도자들은 가라테의 형과는 다른 독자적인 형을 만드는 데 많은 노력을 기울였다(양진방, 1986).

당시에 나타난 형들은 대체로 세 가지 종류로 요약될 수 있다. "자신의 호를 따서 만든 최홍의의 창헌류틀, 이교윤의 한무관형, 그리고 여러 지도자들이 모여 공동으로 만든 대한태권도협회 제정 품새(팔괘, 태극, 그리고 고려를 포함한 9가지 유단자형)가 그것이다"(송형석 외, 2005, p. 139). 최홍희가 캐나다로 정치적 망명을 하기 이전인 1960년대 초까지만 해도 ITF가 태권도계의 주도권을 잡고 있었기 때문에 최홍희가 만든 창헌류 틀이 시범에서 주로 시연되어졌고 해외로 보급되었으며, 나머지 품새들은 국내의 민간도장에서만 수련되고 시연되었다. 그러나 이들 품새들은 명칭만 한국적일 뿐 실제 내용은 가라테의 그것과 매우 유사했다. 품새를 제정하는 데 있어서 가라테로부터 거의 모든 구조적 기초 기술들을 받아들였기 때문이었다. 당시의 품새 제정 상황에 대해 조금 더 구체적으로 알아보자.

최홍희는 자신의 호를 따서 창헌류 틀 24가지를 만들었고, 이것을 국제태권도기구인 ITF를 통해 군부대와 해외로 보급하였다. 한편, 대한태권도협회는 독창적인 품새 제정의 필요성을 절감하여 각 관에서 품새 제정에 참여할 위원을 추천 받아 1965년에 「품새제정위원회」를 구성하고, 1967년 각 관의 인사들이 참여하여 팔괘 1장부터 8장까지

8개의 품새와 9개의 유단자 품새를 완성하였다. 이로써 태권도 고유 품새는 모두 17개가 되었다. 대한태권도협회는 1967년 8월 대한체육회 강당에서 「형」의 발표회를 가지게 된다. 이에 대해 최홍희는 민간 도장들이 자신이 만든 틀을 거부하고 새 품새를 내놓자 불쾌감을 나타내며, "팔괘가 뭡니까! 중국 철학에서 왜 따옵니까? 이 동작들이 무슨 관련이 있다고! 꽤 급했나 보군!"(이호성, 2007, p. 98) 하며 빈정거렸다고 한다. 최홍희는 일찍이 말레이시아 대사 시절 자신이 만든 "창헌류 틀을 전 세계에 보급함으로써 그의 정신과 기술을 후세에 남기고야 말겠다는 결심"(최홍희, 2000, p. 41)을 하였기 때문에 다른 형의 제정을 달가워하지 않았던 것이다.

이와 같은 이유에서 ITF와 대한태권도협회는 당시 형의 비율을 어떻게 조율할 것인가 하는 문제로 주도권 다툼을 벌였으며, 두 태권도단체의 갈등이 본격화하기 시작했다. 결국 대한태권도협회는 유사 조직단체를 지원하고 파벌을 조장하고 있다고 ITF를 맹렬히 비난하면서 ITF의 해체를 주장하였다. 1968년 8월 28일 대한태권도협회는 가맹단체인 ITF를 제명시키고, 협회 산하에 '국제위원회'를 신설하여 모든 국제 업무와 해외에 산재해 있는 파견도장 관련 업무를 이 부서로 하여금 관장하게 하였다(사단법인 ITF 태권도협회, 2008). 두 단체는 품새(형) 제정에 대해서도 서로 갈등하게 되었으며, 1968년 하반기에 접어들면서 첨예하게 대립하게 된다.

이때부터 두 단체는 각기 독자적인 행보에 따라 다른 길을 걷게 되고 종국에는 서로 분리되게 된다. 대한태권도협회는 1968년 11월에 대한체육회 해외파견 및 초청 심의위원회에서 동남아 여러 나라의 태권도 보급을 위해 이완종을 싱가포르에 파견하여, 싱가포르 태권도협회 산하 6개 지관을 순회시범하며 대한태권도협회가 제정한 품새를 보급하였다(조선일보, 1968. 11. 26). 하지만 1960년대 까지만 해도 ITF는 군부의 힘을 이용해 주도권을 잡고 있었기 때문에 최홍희가 만든 창헌류 틀이 시범에서 주로 시연되어졌고 해외로 보급되었다.

대한태권도협회 기술심의회의는 1972년에 다시 품새와 용어 제정 소위원회를 구성하게 된다. 태권도가 국기로 인정받게 되면서 초등학교 교과서에 삽입할 새로운 품새가 필요했기 때문이다. "소위원회 위원들은 이때부터 새로운 품새 개발에 몰두하였으며 결국 정식 교과과정에 삽입 할 「태극」 품새 여덟 가지를 제정함으로써 태권도 제정 품새는 모두 25개에 이르게 된다"(대한태권도협회, 1979, p. 8). 당시 품새 제정위원은 곽근식(청도관). 이영섭(송무관), 이교윤(한무관), 박해만(청도관), 김순배(창무관) 등이었고, 태극 품새 제정 시에는 배영기(지도관)와 한영태(무덕관)가 추가로 참여했다. 이종우는 품새 제정 시 감수를 맡아 이 작업을 총괄 지휘했다(이경명, 2011).

이에 따라 1970년대 시범에서는 1960년대 태권도시범의 주요 내용이었던 창헌류 틀을 시연하지 않고, 새로 제정된 팔괘 품새와 유단자 품새(고려, 금강, 태백, 평원, 십진, 지태, 천권, 한수, 일여 등), 그리고 태극 품새(태극1장에서 8장까지)를 시연하게 된다. 특히 1970년대에 만들어진 유단자 품새와 유급자 제정 품새(공인 품새)는 1990년대에 들어서 각종 품새 대회가 개최되면서 다시 주목받게 되었고, 생활체육의 일환으로까지 발전하게 되었다. 이에 힘입어 2006년 제1회 WTF 세계품새 선수권대회가 서울에서 개최될 수 있었다.

제2절 시범의 형식과 내용

1. 시범의 형식

1970년대에 들어서면서 김운용이 이끄는 WTF가 태권도의 주도권을 잡게 되면서 태권도시범은 최홍희와 군인 중심의 창헌류 스타일에서 탈피하여 겨루기발기술 위주의 스포츠스타일로 변화하게 되었다. 태권도의 무도성을 강조했던 최홍희와 ITF가 이끌었던 태권도시범이 위력격파와 창헌류 틀에 집중되어 있었다면 김운용과 WTF가 주도하는 시범은 태권도의 스포츠적 역동성을 홍보하기 위한 것이었다.

김운용은 태권도가 국제적인 위상을 지닌 스포츠로 발전하기를 원했다. 따라서 태권도시범에 다양한 종류의 겨루기발차기가 도입되었다. 체재의 전환으로 시범의 주체 역시 군인에서 민간인으로 변화되었다. 이들 시범단원들은 대개 30-40대가 주를 이루었다. 이는 현재 대학생 위주로 구성된 것과도 차이가 있다.[12] 시범의 단골메뉴였던 창헌류

12) 이러한 차이가 나는 이유는 무엇보다도 시범단의 활동이 "경제적으로 안정된

품새도 대한태권도협회의 제정 품새로 바뀌게 되었다.

따라서 성장기 태권도시범 형태의 특징은 무도적인 의미와 스포츠적인 요소를 가미한 시범형태로 변환되는 양상을 띤다. 그리고 1970년대까지 시범은 단체로 행해졌지만, 개인의 특기기술에 의존한 시범 형태를 띠었다고 할 수 있다. 이는 제1회 아시아태권도선수권대회에서 선보인 김정광 사범의 시범에서 알 수 있다.

> 이어 成人部(성인부) 示範團(시범단)은 完熟(완숙)한 跆拳道(태권도)의 境地(경지)를 보이면서 기본기外(외)에 南宮明錫孃(남궁명석양)의 호신시범, 한영근의 가위옆차기 김정광의 어깨넘어 복합격파와 종합격파 등으로 觀衆(관중)의 흥분은 절정에 達(달)하게 했다. 特(특)히 金正廣君(김정광군)은 피나레를 장식한 綜合(종합)격파에서 7가지의 벽돌을 가로로 배열하고, 거의 찰나적인 순간에 왼손날 왼손등, 오른손날, 오른손등, 등주먹돌아치기등으로 격파물을 격파한 수 곧 뒤돌아 10名(명)의 장애가 엎드린 위를 뛰어넘어 거뜬히 5分두께 두장의 송판을 격파 跆拳道(태권도)의 위력을 유감없이 發揮(발휘)했다(대한태권도협회, 1975a, p. 17).

다음으로 태권도시범이 주로 행히여진 장소나 대상들의 형태를 살펴보면, 먼저 성장기의 태권도시범은 주로 각종 세계태권도선수권 대회가 열리는 개회식이나 IOC 위원, 세계 유명인사들 앞에서 행해졌다.

생활을 유지해 주지를 못하고 있기 때문이다. 따라서 경제적으로 독립의 필요성이 상대적으로 덜 필요한 대학생시절에 시범단에 입단하여 활동을 하게 되며, 대부분 졸업이후에는 생업에 종사해야 하는 이유로 시범단 활동을 그만 두게 되는 경우가 많게 되어 대학생 신분의 시범단원이 많은 것이라고 할 수 있다"(이재봉, 2003, p. 50).

예컨대 당시 태권도시범은 1973년에 개최된 제1회 세계태권도선수권대회와 1974년 제1회 아시아태권도선수권대회의 개회식에서 행해졌고, CSIM 회의에 참석한 20여명의 참가국 대표들 앞에서도 개최되었으며, 1976년 5월 27일에는 프로복싱 세계 헤비급 챔피언이었던 세기의 철권 무하마드 알리 앞에서 시연되었다. 당시의 태권도시범 계획이 어떻게 이루어졌는지 이규형은 다음과 같이 설명한다.

> 당시의 태권도시범은 계획에 의해 선보인 것이 아니라 그때그때 행사가 정해져 있던 게 아니고 외부에서 대한태권도협회에 의뢰해서 시범을 보여 달라고 하면, 국내행사를 할지 국제행사를 할지 해외 순회시범을 할지 이렇게 이루어졌으며, 이는 1970년대 후반까지 이어졌다(이규형 인터뷰, 2013년 2월 25일).

또한, "초창기 시범을 관람했던 이들은 일부 소수의 외국 체육계인사와 내국인이었으며, 시범이 있다고 준비해서 가보면 텅 빈 국기원 강당과 김운용총재, 외국인 몇 사람이 단상에 앉아 관람하는 경우"(장권, 2002, p. 163)가 대부분이었다. 그리고 시범은 대개 체육관이나 운동장에서 행해졌으며, 체육대회나 개막식행사 중간에는 맨땅에서 시범을 보이기도 했다.

2. 시범의 내용

태권도 태동기의 기술 시범은 무도성을 강조한 기본 동작, 품새, 호신술, 대련(겨루기) 등의 단일 위력 기술 유형이었다. 예컨대 주먹과 손을 사용한 위력격파, 도약하여 발로 격파하는 뛰며 앞차기, 뛰며 돌려차기, 뛰며 비틀어차기 격파와 장애물 뛰어 넘어 옆차기, 가위차기 격파기술, 또 품새는 ITF의 창헌류 형식의 틀을 선보였으며, 호신술은 맨몸 호신술과 총검 호신술, 봉 호신술의 기술동작들로 이루어졌다고 한다.

그러나 이러한 시범 기술은 1970년대 성장기에 와서는 ITF에서 사용하던 기술명칭 및 품새 용어가 WTF에서 제정한 방식으로 변환되었다. 그 외에 기술에 있어서는 태동기의 그것과는 크게 다르지 않았으나 몇 가지 새로운 기술들이 개발되었다. 변화된 용어와 새로 개발된 기술들에는 어떤 것들이 있는지 살펴보자.

태권도시범 기술 용어는 1972년 대한태권도협회 위원회에 의해 개정되었다. 먼저 손동작과 관련하여 '앞주먹'에서 '주먹'으로, '손칼'에서 '손날'로, '손칼등'에서 '손날등'으로, '옆주먹'에서 '메주먹'으로 용어가 바뀌었으며, 발차기 동작과 관련하여 '뛰며 높이차기'에서 '뛰어 앞차기'로, '뛰며 돌며차기'에서 '뛰어 몸돌려차기'로, '뛰며 쌍발차기'에서 '모듬발차기'로, '뛰며 옆차찌르기'에서 '뛰어옆차기'로 용어가 변경되었다. 품새는 ITF의 창헌류 틀에서 대한태권도협회 제정 품새로 변환되었다. 구체적으로 말해 ITF 창헌류 틀 24가지에서 팔괘 품새(팔괘1장에서 8장까지), 유단자 품새(고려, 금강, 태백, 평원, 십진, 지태, 천권, 한수, 일여), 유급자 품새(태극1장에서 8장까지) 25가지로 바뀌었다.

그리고 태권도시범의 격파 기술은 태동기 때보다 한 단계 더 발전하게 된다. 태동기에 새롭게 선보여진 기술에는 가위차기 격파기술이 있는데 이것은 1975년에 개최된 제2회 세계태권도선수권대회에서 김정광 사범이 처음으로 시연한 것이다. 태권도시범 발차기 기술은 가위차기 3단계 격파와 어깨 넘어 복합기술격파로 더욱 발전하였으며, 이후 한층 더 발전하여 1978년 4월 18일 PATA총회에서는 장애물 넘어 이단옆차기와 장애물 넘어 두발모아 뒤차기 같은 고난도 기술이 등장하였다.

Breaking 2 pcs. of 1" board by flying over 5 persons with back side-kick after spinning 360 degrees by Mr. Lee Jong Kwan in Korea.

*최광근(2011, p. 39)

PATA총회에서 선보인 5명 뛰어넘어 두발모아 뒤차기 격파 장면

7방축 격파시범 (좌단 : 필자)

*대한태권도협회(1975b, p. 92)

7방축 격파장면

<그림 16> 한 단계 발전되고 새롭게 나타난 격파기술 시범 장면

다음으로 새롭게 나타난 신기술로는 1975년에 개최된 제1회 아시아 태권도선수권대회에서 선보여진 4방~7방축격파가 있다. <그림 16>은 성장기에 한 단계 발전되고 새롭게 개발된 5명 뛰어넘어 두발모아 뒤차기 신기술 격파 장면과 7방축 격파 장면이다.

제3절 요약

태권도시범의 성장기에 해당하는 1970년대에는 중앙도장 국기원이 건립되었고 새로운 품새가 개발, 보급되었다. 또한, 김운용의 주도로 WTF가 창설되었으며, 이 기구가 주축이 되어 태권도의 스포츠경기화가 본격적으로 이루어지기 시작했다. 이와 같은 대내·외적 환경의 변화는 태권도시범에도 적지 않은 흔적을 남겼으며, 이 시대 태권도 시범에 나타나는 변화의 양상을 고찰한 결과는 다음과 같이 나타났다.

첫째, 1971년 김운용이 제7대 대한태권도협회 회장으로 취임하였고, 1972년 중앙도장 국기원이 건립되었으며, 1973년 제1회 세계태권도선수권대회가 개최되었고, 이를 계기로 WTF가 창설되었다. 이와 같은 일련의 변화로 말미암아 태권도는 최홍희가 주도하던 ITF 체제에서 김운용이 주도하는 WTF 체제로 변화하였다. 태권도의 무도성과 전통성을 강조하던 최홍희와 달리 김운용은 태권도가 경기스포츠가 되어야

한다고 생각했다. 따라서 그는 태권도를 국제적 스포츠 종목으로 만들기 위해 모든 수단과 방법을 동원하였다. 이 과정에서 태권도시범은 수련자의 위력을 과시하는 격파 위주에서 스포츠경기로서 태권도의 성격을 홍보하는 발차기 기술 중심으로 그 형식이 획기적으로 변모하였다. 이러한 노력에 힘입어 태권도는 대내·외적으로 홍보되었고, 스포츠로 인정받아 결국, 국제경기연맹총연합회(GAISF)의 회원 종목으로 채택되었다. 바야흐로 경기스포츠로서 태권도가 국제적 인정을 받기에 이른 것이다.

둘째, 1972년 태권도가 국기로 인정받게 되었으며, 정규학교 교과과정 삽입을 목적으로 새로운 태권도 품새가 개발되었다. 그 결과 태극품새 여덟 가지(1장부터 8장까지)가 제정되었으며, 이를 통해 태권도 품새는 ITF 스타일인 창헌류 틀 중심에서 대한태권도협회 공인 품새인 태극, 팔괘, 유단자 품새 중심으로 변화하였다. 시범의 주요 내용이었던 품새 분야에서 획기적인 기술변화가 이루어진 것이다.

셋째, 1973년 이후부터 태권도의 세계화를 위해 국내 및 국제 규모의 태권도대회가 계속해서 개최되었다. 그에 따라 태권도대회에 참석하기 위해 한국을 찾는 외국인들이 많이 증가하였다. 이들에게 볼거리를 제공하고 태권도를 홍보할 필요성을 느낀 국내 태권도계는 1974년 대표성을 지닌 태권도시범단을 창단하였다. 대표 시범단의 창단을 기점으로 태권도시범의 주체가 군인에서 민간인으로 변하게 되었다. 아울러 태권도시범을 전문적으로 훈련하고 시연하는 사람들이 증가하기 시작했다.

넷째, 이상에서 언급한 사회 상황의 변화와 일련의 사건들로 말미암아 태권도시범의 기술은 형식적인 면과 내용적인 면에서 점차 변모하기 시작했다. 즉 1970년대 태권도시범은 무도적인 요소뿐만 아니라 약간의 스포츠적인 요소(경기겨루기 시범)도 갖추게 되었다. 태권도시범에 활용되었던 기술 용어들도 ITF식 명칭에서 WTF식 명칭으로 바뀌었으며, 격파 기술 역시 단순한 형식에서 복합적 형식으로 변화하였다.

제5장

태권도시범의 도약기

(1980년대)

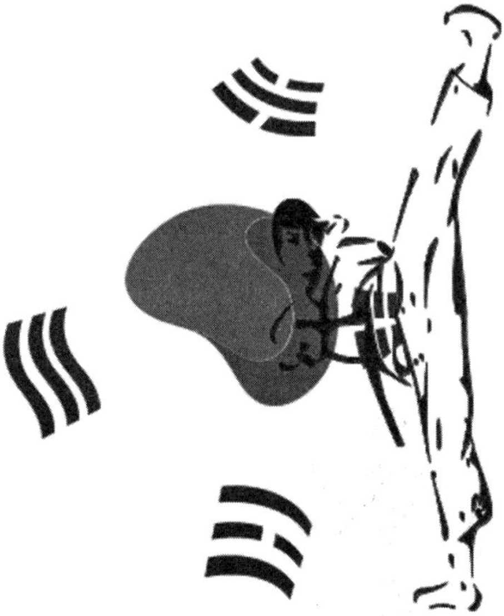

제1절 시대적 상황과 주요 사건들

1. '86서울아시안게임과 '88서울올림픽대회의 유치

1) '86서울아시안게임

1984년 9월 28일 서울에서 개최된 아시아올림픽평의회(OCA) 총회에서 태권도가 정식종목으로 채택되고, 1986년에 드디어 30억 아시아인이 주시하는 가운데 9월 20일부터 10월 5일까지 제10회 서울아시안게임이 잠실 올림픽주경기장에서 개최되었다. 이 때문에 태권도는 아시아인들의 영원한 전진을 다짐하는 스포츠축제에서 스포츠로서의 가치를 당당하게 보여줄 수 있었다. '86서울아시안게임에서 태권도경기는 9월 30일부터 10월 3일까지 시행되었으며, 19개국이 참가하여 겨룬 끝에 우리나라는 8체급 중 7개의 금메달을 휩쓸어 한국이 종합 성적 2위의 위업을 달성하는 데 견인차 구실을 했다(국기원, 1997).

무엇보다 1986년 서울아시안게임에서의 식후 공개행사는 "오후 4시부터 약 7,000여 명이 출연하여 '신천지, 겨레의 숨결, 봄 처녀, 약동, 고놀이 등' 전통과 현대가 조화된 우리 문화의 참장면을 선양하는 대규모 예술적 작품이 연출되어 화려하게 펼쳐졌다"(대한올림픽위원회, 1986, pp. 63-64). '86서울아시안게임의 식후 공개행사는 1부, 2부, 3부로 나눠 진행됐는데, 그 중 「약동」이라는 주제로 '시련을 극복하는 의지'라는 내용을 담아 표현한 태권도시범은 5분간 관현악 효과음악을 배경으로 삼아 1,001명으로 펼쳐졌는데 이는 개막식 행사 중 단연 하이라이트였다. 미동초등학교와 공수특전단의 태권도시범으로 마치 천지를 뒤흔들듯 민족의 함성이 울려 퍼졌다. 당시 개막식 태권도시범을 안무하고 지도했던 이규형은 「약동」이라는 주제를 선정하고, 지도와 안무는 어떻게 했는지에 대해 다음과 같이 말했다.

> 「약동」이라는 주제를 선정하게 된 이유는 대한민국이 경제적으로 도약하는 힘을 표현하기 위한 것이었다. … 또한, 86 서울아시아경기대회의 개막식 태권도시범을 위해 2년간 구슬땀을 흘려가면서 준비하였습니다. 1,001명을 지도하면서 훈련장소와 훈련시간 그리고 어린이 시범단의 경우 학업 성적에 영향을 미칠까봐 걱정했지만, 시범단원들이 엇나가지 않고 잘 따라줘서 무사히 개막식을 할 수 있었으며, 힘든 만큼 값진 경험이었고 큰 보람이었습니다(이규형 인터뷰, 2013년 2월 25일).

또한, 당시 대한태권도협회에서 발행하는 계간태권도에는 태권도매스게임 「약동」 시범에 대하여 다음과 같이 기록하고 있다.

> 아시아의 평화와 전진을 염원하는 대회이념 뿐만 아니라 한국의 고유한 문화전통을 부각하게 될 공개행사에서 미동국민학교 어린이 태권도 시범단은 특전사 소속 장병들과 함께 태권도시범 「약동」을 펼치게 된다. … 특히 공개행사에서는 어린이들이 참가하기는 이번이 처음이기 때문에 각국의 관심과 주목의 대상이 되고 있는 만큼 이를 지도하는 이규형사범(공인7단, 국제심판)은 더욱더 책임감이 막중함을 느끼는 장본인이라 할 수 있다. … 이 사범은 평소 태권도를 가르침에 있어 "기술습

> 득보다는 강인한 정신력을 키우는데 중점을 두고 있다"고 밝혔다. 지난 7월 18일 하오 효창운동장에서 열린 아시아경기대회 개·폐회식 공개행사에서 태권도시범 '약동'은 가장 질서정연하고 조직적인 프로그램으로 한국인의 씩씩하고 용감한 기상을 나타낸 것으로 가장 많은 갈채와 호평을 받았다(대한태권도협회, 1986b, p. 39).

본래 태권도가 '86서울아시안게임 공개행사에 들어가게 된 것은 사마란치 IOC 위원장이 1984년 9월 국기원에서 미동초등학교 어린이들의 시범을 관람한 데 이어 잠실종합운동장 주경기장 개장 행사 때 시범경기를 참관한 뒤 '86서울아시안게임이나 '88서울올림픽대회 공개행사로 내놔도 손색이 없다는 평을 권유하면서이다(국기원, 1997).

「약동」은 태권도의 기본동작 시범과 격파 시범 순으로 진행되었으며, 일제히 기합 소리를 지르며 일사불란하게 기본동작부터 돌려차기, 3단 건너뛰기, 3단 올려 차기 등의 고난도 기술을 보이며 송판과 벽돌을 쪼개는 가공할 격파시범을 선보이자 관중은 탄성과 환호의 박수를 보냈으며 외국인들은 눈이 휘둥그레져 '원더풀' 소리를 연발했다. 또한, 로열박스에 앉아 개막행사를 지켜보던 사마란치 IOC 위원장도 태권도시범에 매료된 듯 극찬하면서 '88서울올림픽대회 조직위원회 박세직 위원장에게 '88서울올림픽대회 개막식 행사에도 포함할 것을 권유했다. "이에 나카소네 수상도 '이처럼 민족 색채가 화끈하게 풍기는 개막행사는 처음 봤다'며 찬사를 보냈다"(국기원, 1997, p. 149). <그림 17>은 당시 미동초등학교 어린이시범단의 시범 장면이다.

▲ 공개행사 때 태권도 시범 「약동」을 선보일 미동국민학교 시범단의 슬기롭고 씩씩한 모습
The vigorous children of MIDONG Primary School TKD Demonstration team, they will make a TKD Demonstration entitled "a STIR", in the Opening Ceremony of Asian Games.

*대한태권도협회(1986b, p. 39).

<그림 17> 미동초등학교 어린이시범단의 시범 장면

또한, 개막식에 이어 처음 정식종목으로 채택된 태권도 경기가 수원에 있는 성균관대학교에서 시행되었는데, 대회기간 중 점심시간과 결승전에 앞서 미동초등학교의 어린이시범단과 국기원시범단이 화려한 태권도시범을 선보였으며, 경기장에서 보인 이 시범은 겨루기대회 못지않게 많은 관중으로부터 뜨거운 격려와 박수갈채를 받았다. <그림 18>은 국기원시범단의 옆차기 3단계 격파 장면이다.

이처럼 태권도시범은 '86서울아시안게임에서 일익을 담당하였으며, 외국인을 비롯한 '88서울올림픽대회 관계자들에게 깊은 인상을 심어주었으며, 21세기를 향한 약동하는 한국인에 대한 깊은 인상을 심어주었다.

*국기원 소장

<그림 18> 국기원시범단의 옆차기 3단계 격파 장면

2) '88서울올림픽대회

1981년 9월 30일 바덴바덴에서 열린 제84차 국제올림픽위원회 총회는 1988년 하계올림픽대회의 개최지로 서울을 선정하였다. 대한민국의 서울과 일본의 나고야(名古屋)가 입후보했는데, 서울이 개최권을 획득했다. 인류의 화합과 번영을 추구하는 스포츠의 대제전인 올림픽대회를 서울에서 개최하게 되었다는 것은 세계사를 장식할 수 있는 두 가지의 커다란 의미가 있다. 첫째는 동서 세력의 대치현상이 계속되는 상황에서 분단국가인 대한민국에 세계 여러 나라가 모였다는 점이고, 둘째는 멕시코를 제외한 역대 올림픽대회 개최국이 모두 선진국이었는데, 대한민국은 선진국도 후진국도 아닌 개발도상국이라는 점이다.

그리고 1985년 6월 4일에는 제90차 IOC 정기총회에서 태권도가 '88 서울올림픽대회의 시범종목으로 확정되었는데, 이는 1961년 9월 16일 대한태수도협회가 창립된 후 꾸준히 추구해온 태권도의 국제화 및 현대 스포츠화에 쏟아온 노력과 특히 시범을 통한 한국 스포츠 외교에 의한 쾌거라 아니할 수 없다. 특히 외국 스포츠 종목의 범람 속에 우리 민족 고유의 무예였던 태권도가 올림픽대회의 한 프로그램으로 채택됨으로써 태권도의 우수성과 한국의 국력 신장을 전 세계에 입증할 수 있게 되었다(양현석, 2006a).

1988년 9월 17일부터 10월 2일까지 서울에서 열린 제24회 서울올림픽대회는 '화합·전진'의 기치 아래, 전 세계 160개국이 참가하여 올림픽대회 사상 최다국(最多國)이 경쟁을 벌였던 대회였다. 이 대회에서는 참가자 모두가 손에 손을 잡고 인종과 사상과 이념의 벽을 뛰어넘어 동서(東西)화합과 우정을 다졌다(국기원, 1997). 이날 개회식은 앞마당[13], 공식행사, 뒷마당[14]으로 펼쳐졌으며, 지구촌 50억 인구가 지켜본

13) 앞마당은 "공식행사에 앞서 벌어지는 '강상제'와 '해맞이'는 한국의 민속적 의식인 터 씻음을 현대적으로 도입한 것이다. '해맞이'는 인류 역사의 시원을 나타내는 장이며 동시에 개회식의 식전을 위한 마당씻이의 개념으로 구성되었다. 한국인들은 어떤 행사나 놀이가 있기 전에는 반드시 몸을 정결히 하고 그 장소를 정화하는 의식을 갖는다. 그것은 일종의 신앙이며, 문화적 층위에 있어서 구조적 특징이다. 터 씻음의 방법은 엄숙한 묵상일 때도 있고, 악기를 두드리며 노는 유희일 때도 있다. 어떻게 하든 그 목적은 모든 부정한 것, 잡스러운 것 등 잡귀 잡신을 쫓아버리고 관계되는 영만이 자리를 함께 하기를 기원하는 데 있다. 한국의 각 지방에서 행해지는 마당밟이, 지신밟기 등은 모두 터 씻음의 개념에 속한다. 개회식의 식전공연 '강상제'는 전체 행사의 도입부로서 설정된 것이며, '해맞이'의 '새벽 길', '용고행렬', '천지인', '태초의 빛'등은 터 씻음을 함으로써 마침내는 올림

개막식 공개행사는「벽을 넘어서」라는 주제로 펼쳐졌다.「벽을 넘어서」는 다음과 같은 의미를 담고 있다.

> 인종의 벽, 이념의 벽, 빈부의 벽, 너와 나를 가로막는 무수한 경계의 벽을 넘어서 모든 사람이 한곳에 모이니 서울은 세계의 마당이 되고, 인류는 다시 하늘, 땅과 더불어 하나가 된다. 그리고 벽이 무너진 자리에는 새 싹이 트고 분단의 아픈 상흔마다 새 살이 나니 맨 처음 햇빛이 천지를 비추던 그날처럼 신명의 어깨춤이 우주의 내일을 연다(서울올림픽대회조직위원회, 1988, p. 2).

픽 스타디움을 신성 공간으로 만들어 인류 대 잔치의 마당을 정화하는 구실을 한다. 태초의 공간, 동서남북도 해도 달도 없는 공간, 드디어 최초의 길이 나타나고 인류가 처음으로 해를 맞이하던 태초의 아침, 서울올림픽을 여는 여심은 곧 우주를 여는 의식으로 되어 있다"(서울올림픽대회조직위원회, 1988, p. 7).

14) 뒷마당은 "공식행사가 끝난 뒤의 흥겨운 공연이다. 곧 올림픽 경기가 시작되기 직전의 들뜬 마당이다. 한자리에 모인 모든 사람들에게 즐거운 축제 분위기를 마련해 주고, 앞으로 있을 올림픽 경기가 무사하게 진행되기를 기원하는 의미가 담겨져 있다. 이것은 앞마당의 터 씻음 개념에 대칭되는 뒷 풀이 개념에 속한다. 뒷마당은 인류의 의미와 서울올림픽의 정신을 상징화 시킨 공연이다 먼저 인류 큰 잔치에 하늘로부터 복이 내린다. 그 복을 받들어 인간들이 춤을 추고 태평성대가 인류에게 펼쳐진다. 태평성대가 지나고 혼돈의 시대가 닥쳐와 인류에게 벽이 생긴다. 인종의 벽, 이념의 벽, 빈부의 벽, 이윽고 인류는 사람과 사람을 가로막는 무수한 경계의 벽을 깨뜨리려는 의지를 보인다. 인류가 벽을 넘고 나면 잠시 정적의 세계가 온다. 정적 속에서 태어나는 새로운 생명, 그리고 온 누리를 덮는 새싹의 물결, 그 새싹이 자라 인류는 다시 화합한다. 마른 것과 젖은 것, 남자와 여자, 뜨거운 것과 차가운 것 등 대립하고 흩어져서 상극하는 것들이 하나로 화합한다. 인류가 화합하면 지구는 한마당이다. 모든 인류가 한마당이 되는 흥겨움 속에서 서울올림픽은 시작된다"(서울올림픽대회조직위원회, 1988, p. 29).

이와 같은 의미에서 「벽을 넘어서」 라는 주제로 펼쳐진 태권도시범은 인류 큰 잔치에 하늘로부터 복이 내리고, 그 복을 받들어 인간들이 춤을 추고 태평성대가 인류에게 펼쳐짐으로써 태평성대가 지나고 혼돈의 시대가 닥쳐와 인류에게 벽이 생긴 인종의 벽, 이념의 벽, 빈부의 벽 등과 같이 사람과 사람을 가로막는 무수한 경계의 벽을 깨뜨리려는 의지를 표현해내면서 5분간 펼쳐졌다. <그림 19>는 당시 '88서울올림픽대회의 개막식 시범공연 장면이다.

*이규형 개인소장

<그림 19> '88서울올림픽대회 개막식 시범공연 장면

그러면 개막식 공연 장면을 간략히 살펴보도록 하자. 흰 도복을 입은 태권도단이 치닫듯 빠르게 등장하여 혼돈의 장면이 순식간에 정리된다. 지구는 둥글지만 많은 벽으로 분단되어 있다는 것을 상징하는 대형이 나타난다. 1,008명의 태권도단이 분단의 벽을 넘어 화합의 자리에 참가하여 온 인류의 의지와 힘을 힘찬 기합소리로 표현해 준다.

태권도단이 격파를 통해 장벽을 하나씩 무너뜨리면서 태권도는 전 세계를 화합의 장으로 만든다. 대형은 다시 산을 상징하는 장면으로 변화하고, 산을 무너뜨리는 태권도단의 연결격파가 이어진다. 1,008명이 움직이는데도 동작은 마치 허공에 한 획 한 획 붓글씨를 쓰는 것처럼 유려했으며, 공연은 온 인류가 마침내 화합의 한마당에 이르는 것으로 끝을 맺는다(서울올림픽대회조직위원회, 1988). <그림 20>은 장벽을 무너뜨리는 태권도단의 연결격파 장면이다.

*서울올림픽대회조직위원회(1988, p. 36)

<그림 20> '88서울올림픽대회 개막식 격파 시범 장면

그리고 <그림 21>은 태권도가 무기를 사용하지 않고 자신을 위험으로부터 보호하고 공격자를 제압하는 기술과 기법이라는 것을 표현해주기 위해 태권도단이 일사불란하게 선보이는 호신술 시범 장면이다.

*서울올림픽대회조직위원회(1988, p. 36)

<그림 21> '88서울올림픽대회 개막식 호신술 시범 장면

서울올림픽조직위원회의 기록물은 당시 시범 장면을 다음과 같이 묘사하고 있다.

> 태권도의 힘이 조화와 부드러움의 정신력에서 비롯되는 것임을 보여주기 위해 전통적인 '시 조음'을 배음으로 깔았으며, 완만하고 유장한 가락 속에 빠르고 힘찬 장면이 생동함으로써 역설적 연출 효과가 나타나도록 했다. 「벽을 넘어서」는 '혼돈'과 대조를 이루는 것으로 부정적 이미지를 긍정적으로 산만한 것을 질서 있는 것으로 돌변시켜 오늘의 인류 문화와 그 역사가 어두운 터널을 빠져나와 삽상하고 신선한 초원의 바람을 쐬는 것과 같은 느낌을 일으켰다(서울올림픽대회조직위원회, 1988, p. 36).

태권도시범을 지켜본 세계인들은 1,008명의 태권도시범단의 절도 있고 일사불란한 동작과 가공할 위력의 묘기에 찬탄을 금치 못하며 힘찬 박수갈채를 보냈다. 「벽을 넘어서」 시범에는 특전사의 비호 태권단원 808명과 미동초등학교 태권도부 어린이 200명이 출연했으며, 안무는 특전사의 인사참모였던 김창희와 서울 미동초등학교 어린이시범단의 이규형이 공동으로 짠 것이었다. 이에 대해 이규형은 다음과 같이 설명했다.

> 특전사 808명이라는 숫자는 '88서울올림픽이 개최된 해의 '88'이라는 수에 상징적 의미를 뒀다. 인종과 이념, 빈부라는 인류의 장벽을 태권도 동작 구성으로 하나씩 무너뜨리고 전 세계가 화합의 장을 마련한 주제 "벽을 넘어서"의 대미를 장식한 감격의 순간들을 형상화한 태권도시범의 대서사시였다(이규형 인터뷰, 2013년 2월 25일).

한편, 1988년 서울올림픽대회에서 최초로 시범종목으로 채택된 태권도 경기는 서울 장충체육관에서 열렸다. 32개국에서 남자 120명과 16개국에서 여자 63명의 선수가 출전한 가운데 9월 17일부터 20일까지 장충체육관에서 개최된 태권도경기는 세계 스포츠 역사의 새로운 한 페이지를 장식하였다(국기원, 1997). 태권도 경기가 진행되는 동안 시범단은 휴식시간이나 점심시간, 결승전을 앞두고 역동적인 시범을 보여줌으로써 경기장 분위기를 돋우고 태권도 기술의 무한한 가능성을 보여줌으로써 참관 관중의 아낌없는 찬사를 받았다. 태권도시범에는 국기원시범단, 개원중학교시범단, 미동초등학교시범단, 신도림초등학교시범단이 참가했다. 여기에 참여했던 시범단의 소개와 활약을 살펴보면 다음과 같다.

먼저 국기원 시범단의 활약을 살펴보자. 국기원시범단(지도자: 김영작 7단)은 남자 유단자 27명으로 구성되어 있으며, 고단자의 신체적 기술과 정신력의 조화에서 발생하는 인간능력의 한계를 극복하는 위력을 보여주었다. 고난도 격파, 고단자의 품위를 밝혀야 하는 품새, 실전능력을 보이는 호신술, 손기술과 발기술의 다양한 격파 등의 시범을 선보였으며, 붉은 벽돌과 5cm 두께의 송판 등을 격파하였으며, 이 순간 관중은 태권도의 강력한 위력에 압도당했다(대한태권도협회, 1988b). <그림 22>는 당시 태권도 경기가 열린 장충체육관에서 선보인 시범 장면이다.

*국기원 소장

*대한태권도협회(1988b, 제66호)

<그림 22> 국기원시범단의 축하 시범 장면

다음으로 「태권무」를 선보였던 개원중학교시범단의 활약상을 알아보자. 개원중학교 태권도시범단은 태권도의 기본기술의 품새와 겨루기 동작을 바탕으로 여기에 현대 감각에 맞는 에어로빅과 디스코 풍을 가미시킨 태권무를 펼쳐 보여 태권도 관계자뿐 아니라 각국의 인사, 관중으로부터 인기를 독차지했다. 울산아가씨, 진도아리랑, 칭기즈칸 그룹의 'ROM'과 팝송 'Part time love'에 맞춰 역동적인 태권도시범과 어깨가 들썩이는 농악, 전통 탈춤 등의 춤사위를 가미시켜 현대감각에 맞게 태권도를 선보여 이를 지켜본 관중은 태권무의 경쾌한 운율 속에 손뼉을 치며 흥에 겨워하며 함께하는 시간을 갖기도 했다. 그래서 관람자들에게 즐거움을 유도하는 촉매제가 되어 관객과 하나 되는 시범을 선보였다(대한태권도협회, 1988b). <그림 23>은 당시 개원중학교 태권도시범단이 선보인 태권무 시범 장면이다.

*최광근(2011, p. 143)

<그림 23> 개원중학교 태권도시범단의 태권무 시범 장면

다음으로 미동초등학교 태권도시범단의 활약상을 살펴보도록 하자.

'88서울올림픽대회 개막식 행사인 「벽을 넘어서」에 출연한 이 시범단은 이규형이 지도하였다. 65인으로 구성된 어린이시범단은 절도 있고, 기민하게 기본동작과 품새를 선보였으며, 깍듯한 예절과 용기 있고 정확한 동작으로 가는 곳마다 인기를 끌었다(대한태권도협회, 1988b). <그림 24>는 이 시범단의 단체 격파 시범 장면이다.

세계적으로 유명한 미동국민학교의 시범모습

*대한태권도협회(1988b, 제66호)

<그림 24> 미동초등학교 어린이시범단의 단체 격파 시범 장면

마지막으로 신도림초등학교 어린이시범단의 활동에 대해 알아보도록 하자. 국기원을 방문한 IOC 위원 등 각국의 귀빈들에게 태권도시범을 펼쳐 보인 바 있는 신도림초등학교 어린이시범단 65명은 최재무 사범의 지도로 결성되었다. 그들은 역동적 시범으로 유명하였으며 절도 있는 태권도 품새와 격파 등을 과시하였다.

신도림초등학교 어린이시범단은 2품 이상자이면서 학교평균성적이 85점 이상인 어린이 중에서 선발해 학부모님과 선생님들로부터 협조를 얻어 학교운동장과 최재무 사범이 운영하는 백호 체육관에서 연습했다.

저학년이면서 경험이 별로 없는 어린이들은 시범공연에서 당황하여 실수도 더러 했지만, 다수 단원은 조금도 당황하지 않고 실수 없이 태권도인의 긍지와 자부심을 느끼고 훌륭한 시범을 펼쳤다(대한태권도협회, 1988b).

<그림 25>는 신도림초등학교 어린이시범단의 장애물 넘어 이단옆차기 격파 시범 장면과 점프 뒤후려차기 격파 시범 장면이다.

*최광근(2011, p. 145)

<그림 25> 장애물 넘어 이단옆차기 격파 및 점프 뒤후려차기 격파 시범 장면

이상에서 살펴보았듯이 1988년 제24회 서울올림픽대회 개막식 공개행사에 국기원시범단, 특전사의 비호 태권단, 개원 중학교, 미동초등학교 어린이시범단, 신도림초등학교 어린이시범단 등이 참가하여 일사불란한 행동과 수준 높은 고난이도의 시범을 보임으로써 세계인의 찬사와 주목을 받았고, 이를 계기로 태권도시범은 한층 더 도약하게 되었다.

2. 경기태권도의 활성화

태권도의 발전과정에서 가장 큰 변화는 무술에서 경기로의 전환이라고 할 수 있다. 태권도의 경기화는 일본 가라테를 받아들여 한국화하는 과정에서 나타난 산물이다. 무술적 성격이 강한 태권도를 스포츠 경기로 만드는 과정에서 가장 중요한 것은 합리적인 경기규칙을 제정하는 일이었다. 태권도에 스포츠경기규칙을 부과하는 과정에서 태권도가 가진 무술적 성격들은 제한되고, 규칙에 따라 승패가 결정될 수 있는 겨루기방식이 만들어지게 되었다.

경기화 과정에서 가장 어려운 것은 태권도의 강력하고 위력적인 타격으로부터 경기자를 보호하는 일이었다. 그래서 태권도는 경기운영에서 가라테와는 달리 호구착용과 완전 타격방식을 선택하였고, 기술적으로는 손기술을 억제하여 발기술을 장려하는 규칙을 제정하였으며, 흥미를 유발하기 위해 몸통가격과 얼굴가격을 구분하는 차등 득점제를 도입하여 화려한 발기술을 유도하였다. 이와 같은 경기화 과정을 통해 태권도는 가라테와 전혀 다른 형태로 변화하게 되었으며, 기술면에서도 손기술보다는 다양하고 화려한 발기술들이 나타나게 되었다.

태권도의 경기화 과정에서 새로운 겨루기 기술들이 개발될 수 있었던 이유에 대해 양진방(1986)은 다음 세 가지로 요약하고 있다. 첫째는 전통적 형식, 특히 형으로부터 과감하게 탈피했다는 것이고, 둘째는 학교를 중심으로 한 팀 체제가 탄생했다는 것이며, 셋째는 경기 자체가 새로운 기술개발과 관련하여 매우 역동적인 특성이 있었다는 것이다.

태권도가 스포츠 종목으로 정착된 시기는 1961년 9월 16일 대한태수도협회가 창립됨으로 인해 1962년 6월 20일 대한체육회에 경기단체로 가입하게 되면서부터이다. 이 때문에 1964년에 개최된 제45회 전국체육대회에서 정식 경기종목으로 채택되어 태권도가 스포츠로 발돋움하게 된다. 그 후 대한태권도협회는 1972년에 경기의 합리적인 운용을 위해 기술심의회를 조직하면서 태권도 경기의 전문성과 역할을 세분화하게 된다(나채만, 2007).

이러한 노력을 바탕으로 대한태권도협회는 1973년 5월 25일 서울에서 제1회 세계태권도선수권대회를 개최하였으며, 닷새 후인 5월 30일에는 서울에서 WTF를 결성하여 세계화 과정에 더욱 박차를 가하여 1975년에는 치열하게 경쟁을 벌이던 가라테를 따돌리고, 국제경기연맹(GAISF)에 가입하는 데 성공하였다. 그리고 마침내 태권도는 1980년 4월 모스크바에서 개최된 제83차 IOC 총회에서 올림픽대회 정식종목으로 승인되어 올림픽 스포츠가 되었다. 아울러 WTF는 IOC가 공인하는 국제스포츠연맹이 되었다. 또한, 1985년에는 OCA 총회에서 태권도가 '86서울아시안게임 정식 종목으로 채택되고, 같은 해 6월에는 제90

차 IOC 총회에서 태권도가 '88서울올림픽대회 시범 종목으로 채택되는 등 경기화 분위기가 고조되면서 경기 태권도가 더욱 활성화하게 된다.

이와 같은 상황으로 1980년대 태권도시범은 경기태권도의 활성화를 위한 목적으로 스포츠로서 태권도의 우수성을 알림과 동시에 IOC 회원국 및 태권도 불모지 국가에 태권도의 보급 및 홍보를 목적으로 활용되었으며, 이를 통해 경기 태권도의 활성화가 더욱 본격적으로 이루어진다. 또한, '86서울아시안게임과 '88서울올림픽대회 유치가 확정되고, 양 대회의 성공적 개최를 위한 홍보가 필요해지면서 국가대표 태권도 시범단은 더욱 활발히 활동하게 되었으며, 더 나아가 태권도가 올림픽대회 정식 종목으로 채택될 수 있게 하려고 태권도시범이 적극 활용됐다.

그렇다면 경기태권도를 활성화하기 위한 태권도시범활동은 어떻게 이루어졌는지 살펴보도록 하자. '86서울아시안게임과 '88서울올림픽대회 유치가 확정되고, 양 대회의 성공적 개최를 위한 홍보의 필요성이 대두하면서 국가대표 시범단은 더욱 적극적으로 활동하게 되었다(최광근, 2011). 1984년 6월 16일에서 7월 13일까지 국가대표 시범단은 양 대회의 홍보를 위해 유럽 6개국(핀란드, 스웨덴, 노르웨이, 영국, 오스트리아, 이탈리아)에서 시범 및 친선 경기를 가졌다. 당시 유럽 6개국 순회 기간에 선보였던 국가대표 시범단의 구정회 사범은 당시의 상황을 다음과 같이 술회하고 있다.

시범은 앞차기 부분의 위력과 묘기, 옆차기의 위력, 돌려차기, 회축 순서로 발차기 종류의 위력과 중간 중간에 품새와 호신술을 연결하여 시범을 선보였으며, 정리단계로 순간적인 여러 격파 동작과 묘기들을 슬로우 모션(Solw motion)으로 한 번 더 보여 줌으로써 관중들의 흥미와 이해를 도왔다. … 이 종관 사범의 손끝격파와 김현성사범의 호신술 단도 대련에서 순간적으로 방어하며 날린 칼이 20m쯤 날아가서 마룻바닥에 꽂혔을 때 장내는 긴장과 흥분의 도가니가 되었다(대한태권도협회, 1984, pp. 82-88).

<그림 26>은 1984년 국가대표 시범단이 유럽 6개국(노르웨이) 파견 시범 장면이다.

*대한태권도협회(1984, p. 85)

<그림 26> 1984년 국가대표시범단 유럽 6개국(노르웨이) 파견 시범 장면

특히 유럽 6개국 시범 중 6월 28일 영국 런던에서 선보였던 3번째

시범은 영국무술협회의 주최로 하였는데, 가라테, 쿵푸, 차력 등의 여러 가지 무술 시범 중에서 태권도시범은 각종 무술인의 열광적인 박수와 함께 2천여 명의 관중을 매료시켰다(대한태권도협회, 1984).

1986년 대한민국을 알리고, '86서울아시안게임에 참가하도록 홍보하기 위해 국가대표 시범단은 동남아시아 국가를 2차례에 걸쳐 순회하면서 시범을 하였다. 또한, '88서울올림픽대회가 성공적인 대회가 될 수 있게 하려고 비동맹국가와 스포츠 취약 국가에 태권도를 통한 민간 외교를 목적으로 1986년 12월 5일부터 1987년 1월 4일까지 국가대표 시범단은 아프리카 7개국으로 순회시범을 나갔다. 시범단의 순회지역은 이집트 나이지리아, 우간다, 케냐, 가봉, 프랑스 순이었으며, 국가대표 시범단은 이종우 단장을 비롯한 임원 3명, 선수 14명, 총 17명으로 구성되었다. 여기서의 시범은 큰 성공을 거두었다.

이집트에서는 공식적인 시범을 마친 후, 이집트 육군사관학교의 간곡한 초청이 있어서 시범을 추가로 한 차례 더 거행하였다. 우간다에서는 태권도를 통해 계속해서 양국 간의 우호를 증진하자는 제안을 받기도 하였다. 태권도는 이렇게 시범을 통해 검은 대륙 아프리카에도 활발하게 보급되었다(양현석, 2006a).

1987년 9월 4일 '88서울올림픽대회에 태권도가 시범종목으로 채택되고 난 이틀 뒤인 9월 6일에는 일본 가라테 협회 초청 및 일본 도시건설의 후원으로 '국기 태권도 사절단'이 일본 원정시범을 나갔다. 당시 한국의 태권도와 일본의 가라테는 치열한 경쟁자 관계를 맺고 있는데, 올림픽대회에 가라테보다 태권도가 먼저 채택되자 일본인들은 태권도에 대해 큰 반감을 품고 있었다. 이러한 상황에서 태권도 사절단은 가라데 시합장에서 태권도 겨루기 시범을 선보였다. 깨끗한 경기 예절과 엄격한 경기규칙, 정확한 심판, 뛰어난 기량을 발휘하는 경기내용은 일본인들로 하여금 태권도에 대해 호의적인 생각을 하게 만들었다. 태권도 사절단은 가라테의 종주국인 일본에서 태권도의 우수성을 맘껏 발휘하여 일본 가라테협회 임원 및 관중으로부터 큰 박수를 받았으며, 태권도와 가라테의 기술적 차이를 뚜렷이 인식시키는 성과를 거두고 돌아왔다(대한태권도협회, 1987a). 따라서 겨루기 시범단의 일본 파견은 국가적인 차원에서뿐만 아니라 '88서울올림픽대회를 앞두고 홍보적 차원에서 매우 의미 있는 기획이었으며, 일본의 가라테와 태권도가 서로 다른 동양의 무예라는 점을 명백하게 부각했다는 데서 그 의의를 찾을 수 있다.

한편, WTF는 1987년 9월 28일부터 10월 11일까지 14일간 국기원부원장인 홍종수단장을 비롯한 태권도시범단원 17명, 대한태권도협회 국가대표 3진 8명 등 총 25명의 시범단을 스위스 로잔의 IOC 본부 및 오스트리아 빈, 스페인 바르셀로나 등에 파견하였다. 시범단은 스위스 로잔의 IOC 본부에서 전 IOC 위원과 IOC 관계자에게 올바른 태권도 인식을 심어주는 것은 물론이고 태권도가 92년 바르셀로나 올림픽대회 정식종목으로 채택될 수 있도록 경기로서의 우수성과 무도로서의 정신성을 모두 부각하게 시켜줄 수 있는 태권도시범을 하였다(최광근, 2011). 따라서 스위스 로잔에서의 태권도시범은 각국 IOC 위원이 태권도를 올바르게 인식하는 계기가 되었으며, 태권도가 올림픽대회 정식종목으로 채택되는 데 적지 않은 공헌을 하였다고 평가할 수 있다.

그리고 '88서울올림픽대회를 앞두고 1988년 4월 27일부터 5월 18일까지 22일간 유럽과 남미지역에 태권도의 정신과 기술을 전파하고, '88서울올림픽대회에서 태권도가 시범경기라는 것을 홍보하기 위해 펼쳐진 시범은 속도, 기술, 공중 3·4방 및 장애물 딛고 뒤 공중 양발차기, 호신술 등의 각종 묘기를 다양하게 선보였을 뿐만 아니라 그 뒤에 이어진 각국 선수들과의 친선 경기를 펼쳐 관중으로부터 열정적인 호응과 박수를 받았다(대한태권도협회, 1988a). 1988년 서울올림픽대회가 성공적으로 끝난 후, 시범단은 여러 나라를 방문하여 시범을 선보임으로써 태권도가 시범종목이 아닌 올림픽대회에서 정식종목으로 채택되도록 하는데 크게 이바지하였다.

3. 대학 태권도학과 개설

우리나라 대학 내에 태권도학과가 설치된 때는 1980년대 초반이다. 1981년 9월 30일 바덴바덴에서 열린 제84차 국제올림픽위원회 총회에서 1988년 하계올림픽대회의 개최지로 서울이 선정되고, 태권도가 시범종목으로 선정되었다. 이러한 태권도의 인기를 반영해 대학에서도 태권도의 학문적 가치를 인식하게 되었으며, 태권도를 하나의 학문 영역으로 만들기로 한다. 이러한 결정에 근거하여 결국 4년제 대학교에 태권도학과가 개설되기 시작했고, 여기서 문무를 겸비한 인재들이 양성되었으며, 태권도가 하나의 직업 영역으로서 인기를 얻게 되었다.

우리나라 최초로 태권도학과를 개설한 대학은 현 용인대학교의 전신인 대한유도대학이다. 용인대학교는 1982년 1월 9일 태권도학과를 처음으로 신설하여 태권도 지도자 양성의 요람으로 기능하게 되는데, 당시 태권도학과를 설립한 이상천 학장은 태권도학과의 설립배경과 목적을 다음과 같이 말했다.

> 우리나라의 고유 전통무술이며 국기인 태권도는 무술로서는 물론 호신술, 그리고 건강증진의 방법으로써 체계적으로 보급되어 각광을 받고 있다. 이와 같은 태권도의 양적인 팽창에 비하여 종주국으로써 이를 뒷받침하여 줄 기량이 뛰어난 선수와 지도자가 요청될 뿐만 아니라 태권도 전반에 걸친 학문적인 연구기관이 필요함으로 우수한 태권도인의 육성 및 지도자 육성, 태권도의 학문적인 연구를 통하여 태권도를 연구발전 보급코자, 태권도 학과를 설치하였다(대한태권도협회, 1983a, p. 111).

이듬해인 1983년에는 태권도시범단이 창단되었다. 창단 이후 대한유도대학 태권도시범단은 1988년 11월 29일에서 30일까지 열린 제11회 회장기 타기 전국대항 태권도대회 개회식에서 호신술, 품새, 격파를 선보였으며, 여기서 이어진 묘기 같은 시범이 속출될 때마다 관중은 우렁찬 박수를 보냈고, 특히 뒤 공중회전 모둠발 차기 시범에서 격파물이 터지면서 '축 제11회 회장기타기 전국대학대항 태권도대회'라는 현수막이 금 테이프와 함께 쏟아져 내리자 이것을 본 전체 관중은 우레와 같은 박수를 받았다(대한태권도협회, 1988c). 현재까지 용인대학교 태권도시범단은 30여 년간 세계 최초의 학과라는 전통을 잇고 태권도 종주국으로서의 명예를 지키기 위해 다양한 노력을 기울이고 있으며,

국내는 물론 미국, 동남아, 유럽, 중국 및 태권도의 불모지인 사회주의 국가로 파견되어 태권도 보급에 박차를 가하고 있다.

그 뒤를 이어 1983년에는 경희대학교에서 종합대학교로는 처음으로 태권도학과가 설립되었다. 경희대학교에서 태권도학과를 설립하게 된 배경에 대해 김경지, 최영렬 교수는 다음과 같이 말했다.

> 태권도가 우리나라의 전통적인 스포츠로서 세계도처에서 국위를 떨치고 있는 한국의 국기이다. 그러나 스포츠와 호신술로서 각광을 받고 있는 태권도에 대해 종주국인 우리나라에서 학문적인 체계를 잡아놓고 있지 못한 실정이다. 또한, 현재 세계 각국에서 태권도를 보급하고 있는 우리 태권도인들도 학문적인 바탕이 적은 상태에서 훌륭한 기술전달만 하고 있는 실정이다. 노력에 비한 결과가 훨씬 적은 것이라 사료된다. 일본이 유도를 국기로 하여 세계스포츠계에 군림하는 것도 이론과 실기가 병행된 학문적 바탕이 있음으로 서이다. 이와 같이 태권도도 우리의 국기로서 학문적인 바탕을 마련함으로서 더욱 발전시킬 수 있다고 생각되어, 태권도 학과를 설립하게 되었다(대한태권도협회, 1983b, p. 22).

이러한 설립 목적에 맞도록 경희대학교 태권도학과는 교육과정을 다양한 내용으로 구성하였다. 즉 태권도학과는 단순히 태권도 지도자나 호신술 전문가만을 육성하는 것이 아니라 일반 체육지도자로서도 역할을 다할 수 있고 교양인으로서도 손색이 없게끔 대학 4년의 교양과정에 태권도 관련 과목은 물론 체육학과의 필수과목과 일반 공통과목을 포함했다. 경희대학교 태권도학과는 태권도시범단을 1986년에 창단하였다.

1980년대에는 이들 용인대학교와 경희대학교의 시범단이 본격적으로 활동하기 시작하였으며, 이들을 통해 태권도시범이 질적으로 크게 발전하였다. 이들은 또한, 선의의 경쟁을 통해 태권도시범에 새로운 변화를 가져다주었다. 1989년부터 태권도학과 재학생들이 국기원시범단에 선발되기 시작하면서 태권도시범은 또다시 새로운 전기를 맞이하게 되었다. 이에 대해 이규형은 다음과 같이 말하였다.

> 89년도에 단장을 맡으면서 각 대학에 공문을 보내 5~6명을 추천하여 국기원 시범단에서 위탁교육을 시키고, 거기서 기량이 뛰어난 학생을 시범단에 선발하여 그 때부터 활동하기 시작했으며, 그 이후부터 대학교 시범단의 실력향상이 많이 되었습니다. 또한, 대학생을 투입시키고 나서 그 학생들이 자기 전공분야에서 명예를 생각하게 되면서 많이 참여하게 되었다(이규형 인터뷰, 2013년 2월 25일).

1990년대 중반에는 세 번째로 대구의 계명대학교에서 태권도학과를 개설하게 되는데, 이는 한강 이남에서는 첫 번째로 개설된 것이었다. 계명대학교 태권도학과는 21세기 세계화 시대를 맞이하여 태권도의 체계적이고 과학적인 연구와 교육으로 태권도의 학문성과 문화성을 정립하고, 태권도의 독창성과 우수성을 지속해 발전시킴과 아울러 국제적 안목을 갖춘 유능한 태권도 지도자를 양성하는 데 목적을 두고 개설되었다. 계명대학교 태권도시범단은 1998년에 정식으로 창단되었고, 국내외 중요 행사와 각종 대회 다수 입상, 해외파견시범, 국가대표시범단 배출 등 활발한 활동을 통하여 학교 홍보와 국위선양을 하는 데 힘쓰고 있다.

그리고 1997년에는 한국체육대학교와 경원대학교(교명 변경: 가천

대학교)에서 태권도학과가 개설되어 한국체육대학교 태권도시범단이 1999년에 창단되고, 2000년에는 가천대학교에서 태권도시범단이 창단되었다. 이 세 곳의 태권도학과가 추가 신설되어 태권도시범단이 창단됨으로써 대학 간에 선의의 경쟁이 본격적으로 이어지면서 대학생들만의 태권도시범문화가 정착되고 발전하게 되었다.

그리고 2000년대 들어서는 여러 대학에서 태권도학과가 개설되어 시범단을 창단하게 됨으로써 시범이 활성화된다. 그래서 지금 현재는 41개 태권도 관련 학과에서 22개의 태권도시범단이 창단되어 활동하면서 종주국 태권도시범의 밑바탕이 되고 있다.

또한, 국기원시범단, 대한태권도협회 국가대표시범공연단, WTF시범단 등은 수많은 태권도 전문 인력을 선발하여 해외에 파견함으로써 태권도 홍보사절로서 적지 않은 성과를 올렸을 뿐만 아니라 각 학교 및 지방축제에도 참가토록 하여 태권도 홍보와 보급에 앞장서고 있다. 이들 대학 태권도시범단은 무엇보다도 대학생들의 넘치는 패기와 열정을 기반으로 하고 있으며, 새로운 시도를 통해 태권도시범 문화를 변화시킴으로써 태권도시범을 한 단계 더 발전시켜나기고 있다.

<표 2>는 전국에 있는 대학의 태권도시범단 창단 현황이다.

<표 2> 전국 대학 태권도시범단 창단 현황

순서	대학 시범단 명칭	창단연도	인원	지도교수 및 감독
1	용인대학교 시범단	1983년	60명	진중의 교수, 권혁철 감독
2	경희대학교 시범단	1986년	31명	전익기 교수, 주장체제

3	충청대학교 시범단	1998년	20명	오노균 교수
4	계명대학교 시범단	1998년	27명	남승현 교수 나채만, 주현 감독
5	신성대학교 시범단	1999년	35명	한권상 단장, 손유남 감독
6	한국체육대학교 시범단	1999년	51명	장권 교수
7	영남외국어대학교 시범단	2000년	30명	양정석 교수, 박성현 코치
8	가천대학교 시범단 (교명변경:경원대학교)	2000년	31명	양대승 교수, 김대영 주장
9	상지대학교 시범단	2001년	50명	주진만 단장
10	경민대학교 시범단	2001년	68명	신호철 코치
11	나사렛대학교 시범단	2003년	33명	이충영 교수, 노형준 감독, 한승용 코치
12	조선대학교 시범단	2004년	54명	정재환 교수
13	전주비전대학교 시범단	2004년	23명	고봉수 교수, 전승돈 코치
14	남부대학교 시범단	2004년	22명	최승식 교수, 김태수 코치
15	우석대학교 시범단	2005년	90명	최상진 교수, 박진수 감독
16	세한대학교 시범단 (교명변경:대불대학교)	2005년	60명	이용주 교수
17	계명문화대학교 시범단	2006년	32명	김정윤 교수
18	동의대학교 시범단	2006년	40명	이한우 교수
19	경산1대학교 시범단	2007년	15명	권정수 코치
20	동아대학교 시범단	2008년	26명	박창석, 최현동 코치

21	오산대학교 시범단	2008년	15명	유관호 교수
22	한민대학교 시범단	2008년	20명	정현도 교수, 김재성 감독
23	한중대학교 시범단	2009년	60명	김상명 교수
24	영산대학교 시범단	2009년	18명	조성균 교수, 유동현 코치
25	전주대학교 시범단	2009년	40명	이숙경 교수
26	선문대학교 시범단	2009년	25명	주장체제
27	경주대학교 시범단	2010년	15명	박주식 교수
28	주성대학교 시범단	2010년	26명	박용석 교수, 권혁중 코치
29	백석예술대학교 시범단	2011년	18명	박동영 교수
30	단국대학교 시범단	2012년	20명	주장체제

제2절 시범의 형식과 내용

1. 시범의 형식

도약기 태권도시범의 특징은 태권도를 국제적 스포츠 종목으로 홍보하기 위해 무도적인 요소와 스포츠적인 요소를 가미한 단순 위력격파 시범의 형태를 이루어졌다는 점이다. 그러나 성장기 태권도시범의 형태는 올림픽대회 정식종목으로 채택되기 위한 홍보수단으로 그 방향이 바뀌게 되고, 단순 위력 격파 시범형태에서 기술 위주의 시범형태로 변하게 된다. 그렇다면 도약기 태권도시범 형태를 살펴보도록 하겠다.

먼저 시범의 구성에는 10여 가지에서 좀 더 세분화되어 약 30여 가지 종류까지 시범내용이 증가하게 되고 그 중 태권도 경기겨루기 시범이 많은 비중을 차지하게 된다. 이 때문에 1984년 해외 시범이 본격적으로 이루어지면서 국가대표시범단은 경기겨루기 시범을 위해 세계대회 우승자들을 시범단에 영입하게 된다. 그래서 경기겨루기를 관중에게 보여주게 됨으로써 태권도가 '86 아시아경기대회'와 '88서울올림픽대회에 태권도가 채택되도록 경기겨루기 시합을 더욱더 정교하게 홍보하게 된다. 이에 시범을 선보이는 중간에 경기겨루기 시범(시합장비 착용, 심판, 경기겨루기 규칙 등)이 포함되어 해외 파견국가 선수들과 시범 경기겨루기를 활발하게 선보이게 된다. 대표적인 예로 1984년 6월 16일 국가대표시범단은 유럽 6개국에 순회시범 및 친선경기를 목적으로 파견 나가 시합과 경기겨루기를 선보였다.

<그림 27>은 1984년 6월 16일 국가대표 시범단이 유럽 6개국을 순회하며 시범 및 친선 경기를 보이는 장면이다. 이 사진에서는 이재봉 선수와 스웨덴 대표선수가 친선 겨루기 경기를 하는 장면이다.

초창기 경기 겨루기 시범은 단순히 경기 겨루기 전문 선수들을 파견하여 파견국가 선수들과 친선경기를 보이는 것이었다. 그러나 1980년

대 중반으로 오면서 시범은 태권도 경기 겨루기의 더욱 화려하고 멋진 동작들을 포함시켜야만 했다. 즉 사전에 짜인 각본대로 고난도 발차기를 접목해 시연하도록 시범을 구성하였다. 이렇게 시범을 구성한 이유는 관중으로 하여금 경기 겨루기의 박진감과 화려함을 느낄 수 있도록 하기 위해서였다.

*최광근(2011, p. 70)

<그림 27> 스웨덴의 스톡홀롬에서 친선 경기 겨루기를 하는 장면

이러한 경기 겨루기를 선보이게 됨으로써 겨루기는 태권도시범의 한 부분으로 자리매김하게 된다. 이에 관한 내용은 장권이 면담한 내용에 잘 나타나 있다.

> 겨루기 시범은 1980년대 이후 많이 이루어졌어요. 대개는 시범자들이 선수출신들로 구성되어서 각본에 맞추어 실제 경기처럼 시범을 하였지요<M교수 면담내용>(장권, 2002, p. 166).

<그림 28>은 각본에 맞추어 실제 경기 겨루기처럼 사전에 약속 하에 선보이는 시범 장면으로서, 1986년 3월 6일부터 4월 1일까지 동남아 7개국의 순회시범 중 미얀마에서 시연한 겨루기 시범 후 판정 장면이다.

*최광근(2011, p. 77)

<그림 28> 겨루기 시범 후 판정 장면

따라서 성장기 시범은 3~5명의 소수 인원이 참가하여 기본동작이나 품새, 그리고 개인격파 위주의 시범형태였다면, 도약기의 시범은 소수 인원이 아니라 시범단원 전체가 참가하여 단체로 시연하는 형태로 변화하게 되었다.

또한, 도약기에는 태권도와 음악을 접목한 오늘날의 태권체조 형태의 시범이 최초로 선보이게 되었다. 태권체조는 1987년 태권도와 에어로빅을 접목해 개발한 미국 조지아주 사바나시의 이종호(46세, 7단)와 최명자(42세, 3단) 부부에 의해 처음으로 소개되었다. 이들은 태권도 에어로빅에 대해 다음과 같이 설명하였다.

> 태권도의 기본 품새에 에어로빅을 과학적으로 조화시켜 심장과 폐를 튼튼하게 하고 그 기능을 강화시켜 줄 뿐만 아니라 600개의 근육에 탄력성과 민첩성을 길러줌으로써 기본 체력을 크게 향상하고 운동의 효과와 흥미를 극대화 시켜 줍니다. 뿐만 아니라 남녀노소 쉽게 배우고 익힐 수 있으며, 시간과 장소의 구애를 받지 않으므로 전문 스포츠인의 체력 향상뿐만 아니라 일반 시민의 건강에도 크게 이바지할 수 있습니다(대한태권도협회, 1987c, 제63호).

이들 부부는 미국 에어로빅 건강협회(AFAA)시범단 6명을 이끌고 와 1987년 11월 하순부터 12월초까지 서울, 부산, 대구, 광주 등의 4개 도시를 돌며, 태권도 에어로빅 시범과 강습회를 개최하였다. <그림 29>는 당시 태권도 에어로빅 시범 장면이다.

태권도 에어로빅 시범을 보이는 이종호 · 최명자씨 부부(상)와
미국 에어로빅 건강협회 시범단(하)

*대한태권도협(1987c, 제63호)

<그림 29> 태권도 에어로빅 시범 장면

그리고 호신술 시범은 과거 총검대련, 단도 대련 등과 같이 군사문화의 틀에서 국방 체육의 목적으로 군부대 중심으로 실행되었다. 하지만 1980년대 이후 관중의 흥미를 위해 남, 여 간의 호신술이 생겨나 상호간의 공방을 극화하였으며, 다양하고 복잡해진 사회구조 적응과 외부의 물리적 강압에서 벗어나기 위한 자기 신체보호의 차원으로 변화하게 된다(장권, 2002). 또한, 타깃을 이용하여 손과 발의 기술을 훈련하는 수련과정을 체계적으로 보여주기 위해 표적차기가 시범프로그램에 새롭게 추가되었다. <그림 30>은 1980년대에 나타난 표적차기 시범 장면이다.

読売新聞

最強のテコンドー披

北区の道場 ソウル五輪、

在日本大韓跆拳道協会 結成25周年記念 演武大会

韓国武術テコンドーの模範演技を披露する選手たち

*대한태권도협회(1987b, 제62호)

<그림 30> 1980년대 나타난 표적차기 시범 장면

이상에서 살펴보았듯이 1980년대 태권도시범은 무도성을 강조한 도약기의 단순 격파 형식에서 경기 겨루기, 태권도 에어로빅, 표적 차기, 연기를 가미한 호신술 등과 같은 태권도의 우수성을 보여줄 수 있는 다양한 기술들을 소개하는 복합 형식으로 변화하게 되었다. 또한, 기존의 개인시범 위주에서 태권도 에어로빅, 표적 차기, 품새 등과 같은 10인 내외의 인원이 동시에 선보이는 집단적 시범 형식의 단체시범이 나타나게 되었다.

2. 시범의 내용

태동기와 성장기의 태권도시범기술은 단순 위력격파와 단발형 도약

격파 위주로 이루어졌다면, 도약기의 태권도시범기술은 복합기술 형식으로 조금씩 변하게 되어 단발형에서 다단계 도약 기술격파와 사과를 이용한 360도 회전 정밀격파, 사람의 신체를 이용한 장애물격파와 같은 새로운 기술격파가 나타나게 된다. 기술격파는 태권도의 여러 가지 기술들을 활용하여 보여주는 격파 기술로 도약격파와 정밀격파로 구분할 수 있다. 도약격파는 신체를 공중으로 도약하여 얻는 체공시간을 이용하여 멀리 차기, 높이차기, 다 방향격파, 수평축 회전격파, 수직축 회전격파 등과 같은 형식의 기술이다. 정밀격파는 사람이나 인공의 장애물을 이용하여 몸을 공중으로 도약하여 방향을 전환하거나 몸을 회전하여 멀리 있거나 높은 위치에 있는 목표물을 타격하고, 눈을 가린 상태에서 머리 위나 칼끝에 있는 사과와 같은 작은 목표물을 청각으로 거리를 감지해 격파하는 정확성 기술격파이다.

도약기에는 어떤 종류의 기술격파들이 새롭게 생겨났고 발전해왔는지 살펴보도록 하겠다. 먼저 단순 위력격파와 단발형 도약 및 축 격파기술에서 한 단계 발전하여 앞차기 3단계, 옆차기 3단계, 가위 3-4단계, 회전 돌려차기 등과 같이 여러 개의 표적을 격파하는 복합 기술이 등장하였다. 전반적으로 격파 기술의 난이도가 점차적으로 높아져 어려워지게 된다. 과거에는 사람을 뛰어넘는 단발형 뛰어 옆차기 도약 격파에서 사람의 신체를 딛고 격파하는 장애물 딛고 공중회전 양발 차기 기술격파가 새롭게 개발되었다. 이 기술은 장애물을 민첩하게 딛고 4m 높이에 있는 두 개의 격파물을 뒤로 회전하면서 발로 격파하는 시범기술이다. 이 기술의 탄생 배경에 대해 이규형은 다음과 같이 말한다.

공중회전 양발차기 격파기술이 시범에서 선보여지게 된 것은 … 어느 날 합기도협회 회장이 장충체육관에서 행사가 있는데 참관을 해달라고 해서 갔는데 그 사람이 "태권도에서는 못할 겁니다"라고 말하며, 보여준 것은 허벅지에서 손으로 깍지를 끼고 시연자를 공중으로 뛰어 보내서 회전하는 방식이었다. 하지만 저는 이것을 보고 한 단계 더 수준 높은 것으로 만들고 태권도에서 실용성과 기술성이 나타나도록 고려해서 발전시키게 되었다. … 그래서 당시 표낙선 사범에게 이를 연습시켜 시범에서 선보이게 되었다(이규형 인터뷰, 2013년 2월 25일).

<그림 31>은 1980년대에 처음으로 출현한 장애물 딛고 공중회전 양발차기 시범 장면이다.

대한유도대학 시범단의 공중회전 발차기시범에서는 격파물이 터지면서 현수막이 금테이프와 함께 쏟아져 나와 관중들의 우뢰와 같은 박수를 받았다.

*대한태권도협회(1988c, 제67호)

<그림 31> 1980년대 출현한 장애물 딛고 공중회전 양발차기 시범 장면

또한, 사과를 머리 위에 올려놓고 몸을 공중으로 도약하여 회전하면서 목표물을 가격하는 머리 위 사과 격파기술이 나타났다. <그림 32>는 공중으로 도약하여 회전하면서 목표물을 가격하는 머리 위 사과 격파기술 장면이다.

*출처: 대한태권도협회(1986a, 제57호)

<그림 32> 1980년대 나타난 정확성 기술격파 시범 장면

이상에서 살펴보았듯이 1980년대에 태권도시범의 기술은 단순격파에서 벗어났으며, 다단계 도약격파기술과 사과를 이용한 정확성 격파, 사람의 신체를 이용한 장애물 격파기술 등과 같은 새로운 복합기술들이 나타났다.

제3절 요약

태권도시범의 도약기에 해당하는 1980년대에는 대학 태권도학과 개설, '86서울아시안게임과 '88서울올림픽대회 개막식 태권도시범 공연, 여성 시범단원의 등장 같은 사건들이 생겨났다. 이와 같은 일련의 사건들은 태권도시범이 단순한 기술 과시의 차원을 넘어 행위예술로 진화될 수 있는 계기를 만들어주었다. 도약기의 구체적인 변화 내용을 고찰한 결과는 다음과 같다.

첫째, 1980년대에는 대학에 태권도학과가 개설되어 대학에 뿌리를 둔 태권도시범단이 창단되기 시작했으며, 이들 시범단이 본격적으로 활동하면서 대학 간의 실력 경쟁이 본격화되었고, 이를 통해 독특한 시범문화가 생겨났다. 대학 태권도시범단의 주요 구성원은 젊고 패기 넘치는 대학생들이었기 때문에 시범기술은 더욱 역동적이고 다양화될 수 있었으며, 계속해서 발전해나갈 수 있었다.

둘째, 태권도시범은 전 세계인의 스포츠축제인 '86서울아시안게임과 '88서울올림픽대회 개막식 공연을 계기로 주제와 줄거리를 지닌 행위예술로 진화해나갈 수 있었다. 유사 이래 한국에서 처음으로 개최된 아시안게임 개막식에서 「약동」이라는 주제를 지닌 태권도시범이 펼쳐서 전 아시아인의 이목을 집중시켰으며, 올림픽대회 개막식에서는 「벽을 넘어서」라는 주제를 지닌 태권도시범이 소개되어 전 세계인에게 감동을 줬다. 이 두 시범행사는 전 세계인에게 태권도가 단순한 무도이자 스포츠만이 아니라 높은 예술적 가치를 지닌 행위예술이라는 점을 명백하게 보여주었다.

셋째, 1980년 WTF는 IOC가 공인하는 국제연맹으로 승인을 받았고, 1985년에는 '86서울아시안게임에서 태권도가 정식종목으로 채택되고, 같은 해 6월에는 제90차 IOC 총회에서 태권도가 '88서울올림픽대회에서 시범종목으로 채택되었다. 이와 같은 분위기로 인해 태권도시범단은 경기태권도를 활성화하고 홍보하기 위해 심판의 역할, 득·감점 및 경고사항 등과 같은 시합의 실제 상황과 같은 장면을 연출하여 선보였다. 이런 방식으로 선보인 태권도시범 장면은 관람자들에게 태권도가 스포츠로 가치가 있다는 인상을 심어주었고 경기태권도를 홍보하는데 중요한 역할을 담당하였다.

넷째, 이상에서 언급한 것과 같은 도약기의 사회상황과 사건들은 태권도시범의 형식과 내용을 대폭으로 변화시켰다. 전통적 태권도시범은 태권도의 무도성을 과시하기 위한 수단이었다. 그러나 이제 태권도시범은 태권도의 경기스포츠적 특징을 보여주기 위한 수단으로 변모하였다. 이를 통해 태권도가 올림픽대회 정식종목으로 손색이 없다는 점을 보여주어야만 했다. 1960년대까지 위력격파 위주로 진행되었던 태권도시범은 이제 역동적이며 흥미진진한 발차기기술 위주로 변화해야만 했다. 단순한 위력격파에서 복잡한 기술격파로의 변신이 본격적으로 시작된 것이다.

다섯째, 시범의 내용이 기본기, 위력격파, 품새 등 10여 가지에서 표적 차기, 태권에어로빅, 연기를 가미한 호신술, 경기겨루기 등 약 30여

가지로 매우 많아졌다. 특히 시범에서 경기겨루기가 차지하는 비중이 많이 증가하였다. 경기겨루기의 역동적이고 복잡한 고난도발차기가 가미되면서 태권도시범의 기술은 단순 동작에서 복합 동작으로 복잡화되었다. 예컨대 도약을 이용한 발차기, 공중에 뜬 상태에서 발차기를 이용해 여러 개의 표적을 연속해서 격파하는 고난도 기술격파, 자유 낙하하는 사과를 공중에서 360도 돌면서 차는 회전 정밀격파, 사람의 신체를 이용한 장애물격파 같은 새로운 시범 형식과 내용이 나타났다.

제6장

태권도시범의 정착기

(1990년대)

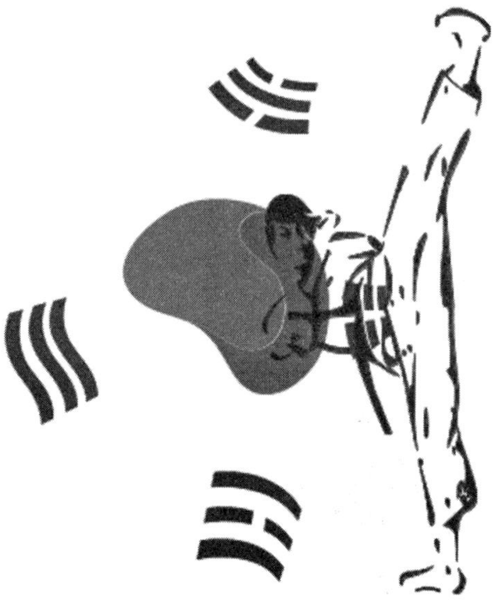

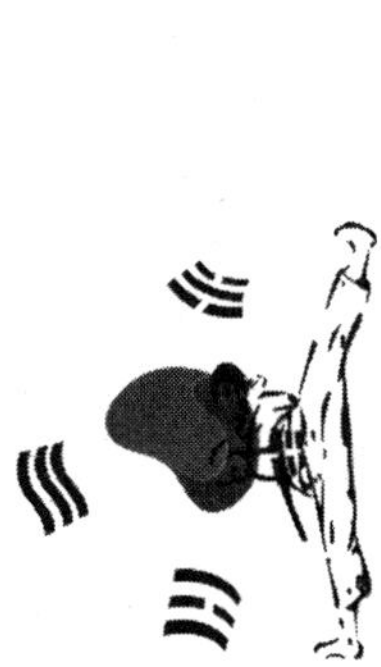

제1절 시대적 상황과 주요 사건들

1. 이규형의 단장부임으로 전환기를 맞는 태권도시범

1973년 3월 이규형은 서울 미동초등학교에 지도사범으로 부임하여 태권도시범단을 창단하였다. 창단 후 이규형은 미동초등학교 시범단을 직접 지도하였으며, 이 시범단은 1978년 제1회 전국태권도시범대회에 참가하여 대상을 받았다. 이를 계기로 이규형은 1978년부터 국기원 어린이시범단 단장을 맡게 된다. 이규형단장이 이끄는 국기원 어린이시범단은 전 세계를 순회하면서 리틀 시범단이라는 이름으로 그 명성을 떨쳤다. 당시 국기원시범단은 대한태권도협회의 주관 하에 있었는데, 창단 초기 박해만이 단장을 맡아 오다가 1978년부터는 안영택이 맡았고, 1979년부터 1980년까지는 권경욱이 맡게 된다.

국기원시범단은 1980년까지 대한태권도협회에 소속되어 있다가 1981년 1월 1일 국기원에 기술심의회 시범분과위원회가 생기면서 국기원으로 이관되었다. 제1대 국기원 시범분과 위원회위원장에는 김영작이 내정되었고, 동시에 그는 국기원 성인시범단 단장직도 맡게 된다. 그리고 국기원 어린이시범단은 이규형단장이 맡아 성인과 어린이시범단은 분리, 운영되었다. 그 후 김영작 단장은 1982년 3월 23일 이규형을 시범분과 부위원장으로 추천하였으며, 그 때부터 성인시범단과 어린이시범단은 자연스럽게 공동 운영되었다. 이로써 명실상부한 대한민국을 대표하는 통합적 국기원시범단이 탄생하게 된 것이다(이규형, 2001). 제1대 김영작 국기원시범단장은 1989년 이규형 부단장에게 자신의 자리를 물려주었다.

이규형이 이끈 국기원시범단은 기존의 태권도시범과는 그 구성과 내용에서 확연한 차이를 둔 시범을 선보였으며, 매우 열정적으로 시범에 임하였다. 그 결과 태권도시범의 규모와 기술이 한층 발전할 수 있게 되었다. 다시 말해 국기원시범단이 이규형단장 체제로 전환되면서 태권도시범은 그 이전까지와는 다른 새로운 면모를 갖게 되었으며, 태권도를 구성하는 핵심로 자리 잡게 된 것이다.

이규형단장이 국기원시범단을 이끌게 된 1990년대 이후 태권도시범이 구체적으로 어떻게 변화하였는지 알아보도록 하자. 이규형의 국기원시범단장 부임으로 태권도시범의 의미는 크게 세 가지 면에서 변화하였다. 첫째, 태권도시범이 태권도와 한국의 홍보는 물론이고 세계 평화에도 기여할 수 있다는 인식이 생겨났다. 둘째, 태권도시범이 누구나 할 수 있는 과시 활동이 아니라 전문적인 역량과 자격을 필요로 하는 전문가의 영역이라는 인식이 싹텄다. 셋째, 태권도시범이 단순한 무도이자 스포츠의 위력 과시 차원을 넘어서 심미성을 추구하는 예술의 영역으로 인정받게 되었다.

먼저 태권도시범이 세계 평화에 이바지할 수 있다는 인식이 생겨난 배경부터 살펴보도록 하자. 이규형은 국기원시범단 단장으로 부임한 이후 시범단을 이끌고 세계 곳곳을 순회하면서 태권도시범을 선보였으며, 이를 통해 한국과 세계 여러 국가의 관계 개선에 기여하였다. 1990

년대는 이데올로기적 냉전 시대가 종식되고, 세계화가 가속화되는 시대였기 때문에 한국과 공산국가들과의 교류가 활발해지기 시작했다.

이 시기에 이규형단장은 태권도시범단을 이끌고 여러 공산권 국가를 방문하여 태권도시범을 펼침으로써 한국과 공산국가의 관계를 개선시켜주었다. 이규형단장이 국기원시범단을 이끌고 처음으로 방문하여 태권도를 보급한 공산권 국가는 세계에서 가장 영토가 넓은 나라인 구소련연방(현 러시아)이었다. 공식적으로 러시아에 태권도가 처음 보급된 계기는 1990년 모스크바에서 열렸던 이규형의 태권도세미나였다. 1990년대 초반 러시아의 경제상황은 그다지 좋지 못했다. 뿐만 아니라 한국과는 수교도 맺지 않은 상태였다. 당시 러시아에는 ITF 태권도와 가라테만이 보급되어 있었다. 이와 같은 상황을 잘 알고 있던 IOC 위원이자 WTF 총재였던 김운용은 러시아 IOC 위원에게 한국의 태권도를 경험해 보기를 제안했고 러시아 IOC 위원은 흔쾌히 그 제안을 받아들였다고 한다(무카스, 2008. 05. 15). 결국 WTF는 태권도의 보급을 촉진시키고 공산권국가와 스포츠교류를 통해 관계를 평화적으로 활성화하기 위해 이규형단장을 비롯한 국기원시범단 19명을 1990년 5월 8일부터 5월 21일까지 러시아, 불가리아, 헝가리 등 공산권 3개국과 프랑스로 파견하였다. 당시 태권도시범단의 순회시범은 그때까지 태권도 불모지로 남아있던 공산권 국가에 WTF 태권도를 알리는 데 크게 기여하였다. 그 결과 구소련은 WTF 가입을 결정하였고, 그 밖의 동유럽 국가들도 국가별 NOC의 동의하에 WTF 가입을 서둘렀다. 따라서 이규형단장이 선보인 태권도시범은 냉전 시대 한국과 공산권국가의 관계를 평화적으로 개선시키는 데 큰 기여를 하였다고 평가할 수 있다. <그림 33>은 당시 이규형단장이 러시아 모스크바에서 진행한 태권도 첫 세미나 장면과 모스크바에서 시범 전 개회식 장면이다.

*이규형 개인소장

*최광근(2011, p. 118)

<그림 33> 러시아에서 진행한 태권도 첫 세미나 장면 및 시범 전 개회식 장면

당시 공산국가였던 중국도 한국과의 적대 관계를 청산하였고, 양국은 1992년 8월 24일 국교를 정상화하였다. 이 후 대한태권도협회는 이규형단장을 필두로 한 국가대표시범단을 12월 20일부터 27일까지 연변 조선족자치주에 파견하여 태권도시범을 선보이도록 했다. 이 시범 덕분에 당시 태권도 불모국이었던 중국에 한국태권도가 진출할 수 있게 되었고, 그 후에도 방문하여 시범을 펼침으로써 양국의 우호관계 증진에 기여하였다.15) <그림 34>는 당시 중국에서 기념 촬영한 장면이다.

*이규형 개인소장

<그림 34> 중국에서 기념 촬영한 장면

---

15) 그 후 2000년대 들어 이규형은 2002년 9월 14일부터 17일까지 제7차 남북장관급 회담 합의사항에 따라 남북태권도 교류 사업의 일환으로 성인 29명과 어린이 6명으로 구성된 국가대표 시범단을 이끌고 평양 태권도 전당에서 시범을 선보임으로써 남북관계의 이념극복과 화합을 이끄는데 큰 역할을 하게 되었다(태권도타임즈, 2010. 03. 10).

그 뿐만 아니라 이규형은 국기원시범단장으로 재임하면서 태권도불모지나 전쟁으로 고통을 받고 있는 국가, 또는 한국과 수교하지 않은 국가를 100여 차례 이상 방문하여 태권도시범을 보이고, 태권도 이론 및 실기 세미나를 열고, 국제심판 세미나를 개최하는 등 한국과 태권도를 알리는 데 크게 기여하였다. 그리고 태권도를 세계 각국에 보급하고, 이를 통해 국가 간의 관계를 개선시켜 세계평화에 기여한 공로를 인정받아 2004년 7월 12일 세계평화봉사재단에서 수여하는 '세계평화상'을 수상하였고, 이와 동시에 '세계평화순회대사'에 임명되기도 했다. <그림 35>는 당시 이규형이 '세계평화상'을 수상하는 장면이다.

*이규형 개인소장

<그림 35> 이규형단장이 '세계평화상'을 수상하는 장면

둘째, 이규형단장의 등장으로 태권도시범은 하나의 전문화된 영역으로 자리 잡고 더욱 체계화될 수 있었다. 시범단 운영과 시범 기술 체계

두 가지로 나누어 전문화와 체계화의 구체적인 내용을 알아보도록 하자. 먼저 운영방식의 변화를 살펴보면 1970년대에서 1980년대까지 태권도시범단은 시범이 있을 때마다 각 관에서 우수 단원을 추천받아 임시방편으로 운영되어왔었다.

그러나 이규형이 단장을 맡으면서 단원 선발방식이 크게 변화되었다. 변화된 단원 선발방식을 살펴보자. 위력격파 부문 단원의 경우 높이 뛰어차기, 멀리 장애물 넘어 차기, 540도 회전격파, 종합격파 등을 시험하여 기량이 탁월한 자를 선발하였고, 겨루기 부문의 경우 국제 경기대회 우승자 가운데 약간 명을 특채 형식으로 선발하였다. 이와 같은 선방방식 개선을 통해 실력이 뛰어난 시범단원을 선발할 수 있게 되었다(대한태권도협회, 1998b).

또한, 이규형의 등장으로 시범단원의 훈련방식도 변화하였다. 1970년대 초반 태권도 세계화를 목표로 창단되어 줄곧 운영되어온 시범단은 중요한 행사가 있을 때마다 시범단원을 추천받아 팀을 구성한 후에 시범 훈련을 해왔었다. 그러나 이규형은 자신이 선발한 시범단원들로 하여금 주 2회 정기적으로 훈련에 참여하게 함으로써 언제 어느 때나 시범을 보일 수 있도록 준비하게 하였다(대한태권도협회, 1998b).

셋째, 기술의 체계화에 대해서 알아보자. 이규형은 태권도시범을 통해 태권도의 전반적인 장면을 보여주기 위해 태권도시범기술의 구성요소를 기본동작, 연합동작, 품새(공인 품새, 창작 품새), 약속겨루기, 겨루기(경기겨루기, 실전겨루기), 호신술, 격파, 태권무, 태권 에어로빅, 태권체조, 훈련과정, 경호무술 등으로 세분화하여 체계적으로 분류하였으며, 특히 기술격파를 동작의 특성에 맞게 위력격파, 순발력격파, 정확성격파, 회전격파, 감각격파, 움직임격파, 장애물격파, 고공격파 등 여덟 가지로 구분하여 체계화시켰다.

이상에서 살펴본바와 같이 이규형이 단장의 부임으로 태권도시범단은 전환기를 맞게 된다. 그러면서 시범단 운영방식 및 시범기술의 체계화를 가져오게 왔다. 이로 인해 태권도시범은 크게 변모하였고, 더욱 발전할 수 있었으며, 하나의 전문영역으로 정착할 수 있게 된 것이다. <그림 36>은 이규형단장이 '88서울올림픽대회에서 시범하는 장면, 엘리자베스2세와 에딘버러궁을 비롯한 전 사마란치 IOC위원장이 한국을 방문했을 때 활동한 장면들이다.

'88서울올림픽대회 태권도 경기장 시범 장면

HM Queen Elizabeth II and HRH The Duke of Edinbergh to inspect taekwondo demonstration of The Korea National Junior Taekwondo Demonstration Team.(Midong Elementary School in Seoul, KOREA) 19 April, 1999 Head of Team Lee Kyu Hyung
영국여왕 엘리자베스2세와 에딘버러공의 국빈방한 국가대표태권도어린이시범단의 시범 관람 후 국가대표 시범단 이규형 단장에게 노고를 치하하는 모습(서울미동초등학교) 1999. 4. 19

1999년 4월 19일 영국여왕 엘리자베스2세와 에딘버러공 국빈방한 태권도시범

제 109차 IOC 총회 국가대표 태권도 어린이·성인 135명 시범
안토니오 사마란치 위원장이 국가대표 시범단 이규형 단장에게 노고를 치하하는 모습
(장소: 태능 선수촌) 1999. 6. 16

*이규형 개인소장

<그림 36> 이규형단장의 활동 장면

2. 태권도한마당대회 개최

1990년대 초반 태권도는 무도에서 경기로의 전환을 통해 올림픽대회 정식종목으로까지 채택되었으나 점차 무도로서의 정통성을 외면한 채 스포츠 경기 일변도로 치우쳤고, 국내에서는 도장 간의 과도한 경쟁 때문에 유아체육으로 변질되었다. 무도성 상실과 그로 인해 성인 수련생의 감소는 태권도의 세계화에도 부정적인 영향을 미쳤다. 유아체육으로 변질된 국내 태권도로 인하여 종주국으로서 한국의 위상은 점점 더 퇴색하여갔다.

이러한 상황에서 대한태권도협회는 겨루기 경기 일변도로 전개되고 있는 태권도의 편협한 전개 경향에서 벗어나 태권도가 지닌 무도적 성격을 회복시켜야 될 필요성을 느꼈다. 당시 협회관계자들은 태권도의 무도성이 정신수양을 목적으로 하는 품새와 실전성을 가름할 수 있는 격파를 통해 표출될 수 있다고 여겼다.

이와 같은 사고의 전환은 품새와 격파 경연으로 이루어진 태권도한마당대회의 개최로 구체화되었다. 태권도한마당대회는 경연자들로 하여금 그들이 평소 갈고 닦은 정신적 깊이와 힘의 위력을 품새와 격파를 통해 과시하게 함으로 태권도의 무도적 성격을 부각시키고자 했던 시도였다. '제1회 태권도한마당 92'가 1992년 12월 9일부터 11일까지 3일간 올림픽 제2체육관에서 개최되었다.[16] 참가자들은 대부분 전문적

16) '태권도한마당'이란 '태권도의 정수를 펼치는 큰 마당'이란 뜻으로 '한'은 크다, 모든 것, 또는 하나 등 여러 가지 뜻을 함의하고 있지만 여기서는 '큰(大)'의 의미

겨루기선수가 아니라 태권도를 평소에 꾸준히 수련해왔던 일선 지도자들이거나 일반인들이었다.

당시 태권도협회장이었던 최세창은 이날 개회식에서 다음과 같이 말했다.

> 국기로서의 태권도의 위상을 확고히 하고 태권도인의 화합과 결속을 도모하며 나아가 태권도 종주국으로서 세계 속에 태권도 문화를 지속해서 주도, 공급할 수 있는 체계 확립에 이바지하고자 창설한 대회임을 밝히며 태권도에 내재하여 있는 전통적 무도 스포츠로서의 가치관 속에 생활체육으로서의 가치를 접목함으로써 태권도의 질적 향상이란 시대적 요구에 부응해야 할 것이다(김기동, 2012, p. 13)

특히 그 뒤에 진행된 식후공개행사에는 여군의장대의 축하 공연에 이어 국가대표시범단의 시범과 은광여고 사물놀이패 공연, 그리고 제4대 대한태권도협회장을 역임한 바 있는 노병직의 품새 시범이 있었다. 태권도한마당은 총 392팀, 1,346명의 태권도 유단자가 참가하여 높은 호응도를 보여주었을 뿐만 아니라 매일 평균 3천여 명에 달하는 관중이 경기장을 찾아와 흥미진진하게 한마당 경연대회를 관람했고, 각종 언론기관들은 태권도 행사 이래 가장 높은 취재 경쟁을 벌였다(대한태권도협회, 1992). <그림 37>은 제1회 태권도한마당대회의 개회식 장면이

에 해당하고 '마당'이란 집의 앞뒤나 어떤 곳에 닦아 놓은 탄탄하고 평평한 땅 또는 어떤 일이 일어나거나 일을 당하는 그때 등을 함의하는 것으로 봐서 태권도 정수를 신명나게 펼쳐 홍취를 만끽하는 큰 잔치를 의미한다(이경명, 김철오, 2004).

다.

▲개회식 모습

*대한태권도협회(1992, 제83호)

<그림 37> 제1회 태권도한마당대회 개회식 장면

맵시와 힘을 자랑하고 과시하는 태권도한마당은 태권도를 수련한 사람이면 누구나 참가할 수 있도록 소년부, 청년부, 장년부, 여성부로 나뉘어 개최되었다. 맵시자랑 종목에는 일반 품새, 창작 품새, 건강 품새 등이 있었으며, 힘자랑 종목에는 위력격파와 응용격파가 있었다. 태권도한마당에서 펼쳐진 경연은 품새 경연과 격파 경연이었다. 먼저 품새 경연은 기존의 품새를 누가 절도 있고 힘차게 잘할 수 있는가를 겨루는 일반 품새 부문, 참가자들이 품새의 우수성을 심사하는 창작 품새 부문, 태권도의 생활스포츠화를 위해 태권도 동작을 위주로 구성한 체조와 에어로빅으로 이루어진 건강 품새 부문으로 나뉘어 진행되었다(대한태권도협회, 1992).

격파경연은 태권도인들 중에서 누구의 위력이 가장 센가를 가름하는 최초의 공식 대회였다. 대회장에서는 우렁찬 기합소리와 함께 참가자들이 내지른 주먹과 손날에 의해 송판과 기와가 산산조각이 났고, 붉은 벽돌이 부서졌다. 이렇듯 이 대회는 관중에게 태권도의 위력을 유감없이 보여준 흥미진진한 행사였다.

태권도한마당대회 격파경연 종목 방식으로는 높이 뛰어차기에서 소년부가 2미터 높이, 청년부가 2.5미터 높이에서 시작하여 가장 높게 송판을 차는 것으로 순위가 결정되었으며, 멀리 뛰어차기는 소년부가 2.5미터, 성인부가 3미터의 장애물을 넘어 송판을 격파함으로써 순위를 결정하였다. 또 손날격파와 발 격파, 주먹격파부문에는 청년부만 있었으며 누가 많이 격파하느냐에 따라 순위가 결정되었다. 손날격파에서는 붉은 벽돌을 격파하였고, 주먹격파에서는 기와를 격파하였다. 벽돌과 기와를 가장 많이 격파한 자가 최강자로 선발되었으며, 발 격파 부문에서는 2센티미터 두께의 송판을 3매 이상 누가 많이 격파했는가에 따라 순위가 결정되었다(대한태권도협회, 1992).

남녀노소가 골고루 참여한 건강 품새 경연장과 학생들이 주류를 이룬 창작 품새 경연장에는 시연하는 참가자의 긴장감으로 가득하였고, 이들의 시연이 끝나면 관중들이 힘찬 박수를 보내주었다. 이와 같은 경연장의 분위기는 겨루기대회 경기장의 분위기와는 사뭇 달랐다. 당시 국민일보 체육부 서완석 기자는 이에 대해 다음과 같이 썼다.

> 50~60대 노장들이 출전한 건강 품새는 태권도가 나이를 불문하고 건강스포츠로 자리 잡을 수 있음을 보여주었으며, 또 영화에서나 나옴직

> 한 「5대 제자」 들이 출연, 시대를 뛰어넘는 품새 한마당을 펼쳤고 … 진지하기는 관중들도 마찬가지였다. 어린 국민 학생들로 부터 노인부부에 이르기까지 각양각색의 관중들은 묘기가 펼쳐질 때마다 아낌없는 박수와 함성을 질러댔다(대한태권도협회, 1992, 제83호).

한편, 태권도한마당이 개최됨으로써 대한태권도협회는 태권도한마당대회의 한 부문이 될 격파경연 시행을 위해서 격파물 규격을 정하였는데 벽돌 격파물은 크기가 일반 건축용 붉은 벽돌과 같은 대신 강도는 최저 1백30킬로그램으로 일반건축용 벽돌보다 약하게 했다. 또 송판과 기와는 건축용 자재와 강도에서는 차이가 없도록 제작했고, 그뿐만 아니라 격파 고정 틀을 새롭게 고안했으며, 품새 평가 기준 등을 마련하였다(대한태권도협회, 1992).

이 경연대회는 태권도시범 분야가 정형화되고 그 영역이 세분될 수 있도록 주춧돌을 마련해주었다는 점에서 그 의의가 크다고 하겠다.

1992년 개최된 태권도한마당대회는 태권도 겨루기를 제외한 기술을 다양하게 보여 줄 수 있는 대회였다. 여기에서 품새, 태권체조, 위력격파, 기술격파, 호신술 등의 기술들이 모두 경연되었으며, 이를 통해 태권도기술의 진수를 총체적으로 보여줄 수 있는 기회가 제공되었고, 태권도가 생활체육의 일환으로 정착될 수 있는 토대가 마련되었다. 그리고 태권도한마당이 개최됨으로써 태권도 격파의 기술 수준이 한 단계 발전하였고, 새로운 신기술들이 개발되었다.

<그림 38>은 건강 품새 시연과 높이 뛰어차기 격파 장면이다.

▲상주 주부대학에서 태권도를 연마해온 어머니들이 품새경연에 참가해 실력을 보이고 있다.

건강 품새 시연 장면

▲ 높이 뛰어차기 경연

*대한태권도협회(1992, 제83호)

<그림 38> 건강 품새 시연과 높이 뛰어차기 격파 장면

태권도한마당대회는 이후에도 계속해서 개최되었다. 1994년에는 3

회째를 맞이했던 태권도한마당대회는 한국방문의 해를 기념해 대한태권도협회와 한국관광공사가 공동으로 주관하여 국내뿐만 아니라 해외에서도 많은 태권도인들이 참가하였다. 그에 따라 대회의 규모가 그 이전보다 훨씬 커졌으며, 대회의 성격도 국제성을 띠게 되었다.

태권체조는 태권도를 생활체육으로 만들기 위해 고안된 것이다. 따라서 태권체조를 이루고 있는 동작들은 누구나 따라 하기 쉬워야 할뿐만 아니라 건강에 도움을 줄 수 있도록 신나는 음악과 함께 이루어진다. 이러한 특성으로 인하여 태권체조 경연이 시작되면 경연에 참가한 자들과 관람객은 흥분하게 되고, 축제의 분위기에 빠져든다. 이렇듯 태권체조는 흥겨운 축제의 한마당을 연출하면서 상당한 인기를 얻었다(대한태권도협회, 1994). <그림 39>는 당시 태권체조 경연 장면이다.

▲ 음악과 함께 진행되어 흥겨운 분위기를 보여준 태권체조

*대한태권도협회(1994, 제88호)

<그림 39> 태권체조 경연 장면

이후 1999년부터는 업무가 대한태권도협회에서 국기원으로 이관되어, 국기원이 대회를 주관하게 되었다. 국기원이 주관하게 된 배경은 태권도한마당이 겨루기 경기와는 달리 무도성을 강조하는 경연대회였고, 그런 이유에서 경기단체의 성격이 강한 대한태권도협회가 그 업무를 담당하는 것보다는 국기원이 담당하는 것이 낫다고 여겼기 때문이다. 주지하다시피 국기원은 태권도의 세계화, 한국 무예로서 태권도의 보급, 단증 발급, 태권도지도자교육 등을 담당하는 세계태권도본부이다. 따라서 국기원이 이 대회를 주관하는 것이 올바른 처사였다.

국기원으로 이관된 태권도한마당대회는 전반적인 대회의 규모 및 성격, 종목 등 많은 부부에 있어서 변화되었으며, 2003년에는 세계태권도 무예대회가 개최되기도 했다. 이 무예대회는 단체전으로 진행되었으며, 이후에도 계속해서 변화하여 현재는 팀 대항 종합경연으로 치러지고 있다(김기동, 2012). 그러나 2004년 이 두 대회의 혼란을 피하기 위해 태권도한마당과 세계태권도 무예대회를 하나로 통합하여 '세계태권도한마당'으로 명명하고 대회를 개최하였다. 또한, 각 종목별로 시간제한을 두어 신속한 경연이 이루어지도록 하였으며, 경연의 효과를 극대화하기 위해 무대, 조명, 음향 시설을 적극 활용하였고, KBS 중계 및 인터넷을 활용하는 등 미디어 활용을 극대화하게 되었다.

이상에서 살펴보았듯이 태권도한마당대회가 시작되면서 시범 규칙이 제정되었고, 이를 계기로 시범이 정형화되었을 뿐만 아니라 시범 기술 및 시범 장비도 개발되어 시범의 영역이 더욱 전문적인 분야로 바뀌게 되었다. 그 후로 대한태권도협회는 태권도시범의 경기화를 위해 2009년 9월 13일에 '정관장배 2009 KTA 격파왕대회'를 신설한다. <그림 40>은 '정관장배 2009 KTA 격파왕대회'의 장면이다.

*무카스(2009. 10. 28)

<그림 40> '정관장배 2009 KTA 격파왕대회'의 장면

3. 사설시범단의 등장

1990년 11월에 우리나라 최초의 사설시범단이 창단되었다. 처음으로 창단된 코리언타이거즈(K-tigers)시범단은 한국의 대표적인 사설 태권도시범단으로, 안학선단장이 맡아 현재에 이르고 있다. 기존 다른 시범단과는 달리 철저히 프로화, 상업화를 지향하며 많은 관심을 보았다(이규형, 2001).

창단 초기 코리언타이거즈시범단의 안학선단장은 딱딱하고 단조로운 태권도시범이 아닌 태권도의 정통성과 대중성이 조화를 이룬 시범 형태로 구성하여 많은 사람에게 이목을 끌었다. 품새를 기초로 한 정확한 태권도 동작과 태권도 발차기에 음악과 국악, 춤을 입혀 다양하고 독창적인 작품으로 구성하였을 뿐만 아니라 고난도 발차기 기술과 아크로바틱, 웨이브, 브레이크, 재즈 등을 태권도체조에 접목해 태권도시범문화의 신선한 충격을 주었다.

1990년 창단 이후 코리언타이거즈시범단은 현재까지 23년간 어디에도 속하지 않고 독립적으로 활동하면 세계태권도선수권대회(1993, 1997, 2001), 월드컵 태권도선수권대회(1994, 1996, 1997, 2000, 2002)시범, U.S OPEN 태권도대회(1992, 1993, 1994, 1995, 1999) 등과 같은 국제대회 개막식에서의 시범이 있다. 그리고 2000년 시드니 올림픽대회에서 태권도 홍보시범, 제5회 순천 세계청소년 태권도 선수권대회와 부산 아시안게임에서의 태권도시범뿐만 아니라 50여 개국 이상을 순회하면서 한국문화를 알리고 태권도시범을 선보여 세계인의 주목을 받으면서 태권도시범 발전에 많은 노력을 기울이고 있다.

또한, 코리언타이거즈시범단은 경희대학교, 용인대학교, 우석대학교, 한국체육대학교, 계명대학교, 대한태권도협회 등 전국의 각종 품새대회에도 참가하여 초·중·고·대학부 개인 및 단체전에서 여러 차례 우승을 차지하여 품새를 잘하는 단체로도 알려져 있다. 전국 각지의 태권도장들과 관계를 맺고 코리언타이거즈 시범연합회를 구성하여 도장별로 수련생을 선발하였다. 그렇게 청소년시범단을 도장 자체에 편성해

익스트림 태권도 시범프로그램을 개발하여 침체한 태권도 도장의 활성화를 위해 지원하고 있으며, 현재 약 50여 개의 도장이 연합회원으로 가입해 있다.

한편, 2000년대 들어 코리언타이거즈시범단은 태권 예술단으로 탈바꿈하여 태권도 시범공연을 선도해 왔으며, 딱딱하고 단조로운 시범이 아닌 태권도의 정통성과 대중성이 조화를 이룬 시범으로 품새를 기초로 한 정확한 태권도 동작과 태권도 발차기에 음악을 입힌 다양하고 독창적인 작품으로 많은 사람에게 사랑을 받고 있다.

코리언타이거즈시범단은 그뿐만 아니라 기존의 태권도시범 형태에서 벗어나 태권도와 한국무용, 비보이, 국악, 사물놀이 등의 다양한 콘텐츠와 접목해 태권도시범을 넌버벌 퍼포먼스 종합공연예술로 승화시키고 있다. 그래서 태권도를 태권도인 뿐만 아니라 일반대중이 인정해주고 가까이 접할 수 있는 예술작품으로 발전시켜 태권도 저변 확대에 많은 기여를 하고 있다(코리언타이거즈, 2013).

이상에서 살펴보았듯이 1990년대 사설 코리언타이거즈 시범단이 창단됨으로 인해 태권도시범은 그 형태와 기술이 독창적으로 발전하게 되었다. 즉 이 시범단은 태권도시범을 통해 한국 문화의 우수성을 세계에 알리는데 큰 역할을 하였다.

제2절 시범의 형식과 내용

1. 시범의 형식

태권도시범의 도약기였던 1980년대에는 올림픽대회의 정식종목으로서 손색이 없는 경기스포츠로서 태권도의 우수성을 알릴 수 있는 다양한 형태의 시범 프로그램이 개발되었다. 또한, 기존의 개인 위주 시범에서 탈피하여 10명 내외의 인원이 동시에 기량을 선보이는 단체 또는 대규모 집단 시범이 출현하였다. 정착기 태권도시범의 형태를 살펴보도록 하자.

1990년대는 국기원시범단이 제1대 김영작 단장체제에서 제2대 이규형단장체제로 전환됨에 따라 태권도시범은 더욱 체계적이고 세분화된 구성형태를 띠게 되었다. 이규형단장은 태권도시범을 이렇게 말한다.

> 태권도시범은 다수의 관람자에게 태권도에 관한 전반적인 내용을 소개하고, 이를 여러 가지 시연을 통해 직접 보여주는 활동이다. 태권도시범에는 태권도기술뿐만 아니라 태권도수련자들의 정신적 기풍까지 포함되어 있어야 한다(송형석 외, 2005, p. 293).

이와 같은 태권도시범 구성의 특성을 간접적으로 언급하였다. 태권도시범의 형태는 그 내용과 특성에 따라 시범을 구성하여 시범을 보는 관중이 긴장감과 안도감을 번갈아 가며 느낄 수 있도록 가끔은 정적이고, 웅장함 그리고 예측불허의 흥미진진한 장면과 분위기를 연출함으로써 시범의 진행순서에 맞는 고조(高調)를 주게 되었다.

그럼으로써 관람자의 감정을 생각해 시각적, 청각적, 촉각적인 것을 고려하여 시범이 이루어지게 되었다. 먼저 시각적 효과를 높이기 위해 관중이 보이는 시선의 높이 예컨대, 높은 곳에서 내려다보는 경우, 주먹지르기를 높여주며 시선의 높이에 맞추어 준다는 것이다. 이렇듯 시범 전체 장소를 고려하여 공간을 활용하고 그에 적합한 대형 변화를 주게 되었다.

또한, 색상의 조화와 시범시연 속도의 완급과 힘의 강약 전달의 효과 시범격파 대형변화를 통해 시범의 연출효과를 높였다. 과거 태권도의 공방기술형태 시범구성에서 탈피하여 태권도를 수련하기에 앞서 태권도 수련자 모두에게 요구되는 예의와 예절, 묵상과 명상의 태도, 태권도인의 자세까지도 시범 내용에 포함해 태권도가 가지는 기술적 요소와 정신적인 요소를 적절하게 조화되도록 시범을 연출하는 형태로 변하게 되었다. 또한, 명상이나 호신술과 같은 시범을 선보일 때는 잔잔한 음악이나 긴장을 고조시키는 배경음악을 사용하여 분위기를 고조시킴으로써 시범의 효과를 극대화시켰다. 이에 대해 이규형은 다음과 같이 설명하고 있다.

> 음악이 아무 때나 사용되면 안 됩니다. 음악을 본격적으로 사용한 건 1992년에 대한태권도협회가 주최한 태권도한마당을 할 때 처음으로 등장하였는데, 그때 슈퍼맨 음악에 맞춰서 미동초등학교 어린이들이 창작 품새를 했는데, 그걸 보이고 나니까 너도나도 음악을 사용해서 어느

한 부분에 예술적으로 사용하는 건 좋은데, 처음부터 끝까지 사용하는 것은 내가 볼 땐 바람직하지 못합니다. 왜냐하면, 태권도 시범 내용과 특성에 따라서 음악을 써야 할 때와 써서는 안 될 때 가 있습니다. 특히 제정 품새를 할 때는 관중이 절도와 힘을 도복 소리나 기합소리를 느껴야 하는데 음악은 소리가 크다 보니까 태권도의 참장면을 느끼기가 힘듭니다. 그러나 요즘에는 이런 구체적인 내용을 잘 모르고 음악을 틀고 하니깐 관중이 좋아하니까요? … 그러면 오히려 태권도 동작보다 음악에 더 관심을 가지게 됩니다. … 따라서 음악을 그렇게 막 처음부터 끝까지 쓰는 것은 바람직하지 못하다고 생각합니다(이규형 인터뷰, 2013년 2월 25일).

그리고 시범자 역시도 엄숙하고 진지하면서도 개성 있는 시범을 펼칠 수 있는 효과를 주기 위해 기합을 활용해서 심리적인 불안감을 없애고 자신감을 가질 수 있었다. 또 시범자는 목표물을 뚫어지게 바라보면서 정신집중을 하는 상태를 몸동작으로 표현하기도 하였다. 그뿐만 아니라 시범 자들은 항상 절도 있는 동작을 취하여 태권도의 기품을 유지하고, 정렬 동작을 신속히 하여 시범시간을 헛되이 소모하지 않도록 연출하였다.

다음으로는 태권도시범의 전체적인 연출을 위해 시범내용설정과 표현상의 효과를 높이기 위해 시범내용과 진행과정을 짜임새 있게 설정하고, 기술난이도가 낮은 것에서 높은 것으로 편성하거나, 개개인의 시범자의 수준에 맞는 난이도 기술을 정해 시범 프로그램을 설정하였다. 또한, 고난도 기술시범이나 위력격파 같은 기술은 예비동작을 통해 어떤 식으로 격파 할 것이라는 동작을 미리 보여줌으로써 시범을 보는 관중들의 흥미를 느끼게 하였다. 그리고 시범진행자가 시범에 대한 내용을 관중에게 간략하게 설명해 줌으로써 관중의 이해를 돕도록 시범이 체계적으로 연출되었다. 그와 더불어 시범 장비나 도구의 형태에서도 기존의 송판, 벽돌, 기와 등의 격파물 이외에도 빈 캔, 과일, 풍선, 폭죽 등을 활용하여 시범의 효과를 극대화시켰다.

이상에서 살펴보았듯이 정착기 태권도시범의 형태는 이규형단장으로 인하여 과거의 태권도시범과는 현저하게 다르게 나타났다. 시범자는 시범의 효과를 극대화시키기 위해 시범이 이루어지는 때와 장소의 특성에 맞게 시범을 구성하여 시범을 보는 관중이 긴장감과 안도감을 번갈아 가며 느낄 수 있도록 고조(高調)를 주었다. 여기에 더하여 시범이 진행되는 과정에서 관람자들의 감정과 분위기를 고려하여 시각적, 청각적, 촉각적인 효과를 삽입하였고, 이러한 조처를 통해 시범은 체계적이고 독립적인 예술의 한 장르로 발돋움하게 되었다. 따라서 시범에서는 가끔은 흥미진진하고, 가끔은 예측불허의 웅장한 장면이 연출되었으며, 이를 통해 관중의 감탄을 자아냈다.

2. 시범의 내용

정착기 태권도시범 기술은 이규형단장의 부임과 태권도한마당대회의 개최로 인하여 그 이전의 시기보다 크게 발전할 수 있게 되었다. 시범기술에서 초창기 주류를 이루었던 단순한 위력격파의 비중보다 화려함을 추구하는 기술격파의 비중이 훨씬 커졌다. 그리고 이 과정을 통해 계속해서 새로운 기술들이 개발되었다. 당시에 어떤 기술들이 개발되었는지 살펴보도록 하자.

먼저 기술격파는 1980년대보다 훨씬 복합적이고 고난도의 기술로 발전하였다. 정착기에 새로 생겨난 도약격파기술로는 돌려차기 3단계 격파, 가위차기 5단계 격파, 고공 4단계 격파기술 등이 있다. 고공 4단계 격파기술은 도움닫기를 이용하여 여러 발차기의 기술로 공중에 있는 4방향의 격파물을 순식간에 격파하는 기술이다. 한편, 도약기에 앞차기 3단계 격파기술이 남성의 전유물이었다면, 정착기에는 여성이 이 기술을 완벽하게 시연할 수 있게 되었다. <그림 41>은 고공 4단계 격파기술과 여성 앞차기 3단계 격파기술 장면이다.

1992년 태권도한마당에서 고공 4단계 격파기술

*대한태권도협회(1992, 제83호)

1996년 5월 4일 카메룬 국립대학에서 여성단원 시범 장면

*이규형 개인소장

<그림 41> 고공 4단계 격파 기술과 여성 앞차기 3단계 격파 기술 장면

또한, 장애물 격파에서도 사람의 신체를 딛거나 혹은 밟고 하는 장애물 딛고 이단 앞 돌려차기 격파기술과 등 밟고 앞차기 3-4단계 격파기술, 장애물 낙법 격파기술 등이 새롭게 나타난다. 장애물 딛고 이단 앞 돌려차기 격파기술은 상대의 인체에 충격이 가지 않게 가슴을 가볍게 딛고 높은 곳에 있는 격파물을 회전하면서 격파하는 멋진 기술이며, 등 밟고 앞차기 3단계 격파기술은 등을 민첩하게 밟고 공중으로 치솟아 연속으로 3개의 송판을 격파하는 격파기술이다.

<그림 42>는 장애물 딛고 이단 앞 돌려차기 격파기술과 등 밟고 앞차기 3-4단계 격파기술 시범 장면이다.

장애물 딛고 이단 앞 돌려차기 격파기술
*대한태권도협회(1991, 제76호)

95태권도한마당 등밟고 앞차기 3-4단계 격파기술
*대한태권도협회(1995, 제94호)

<그림 42> 장애물 딛고 이단 앞 돌려차기 격파기술과 등 밟고 앞차기 3-4단계 격파기술 시범 장면

그 다음 정확성 격파기술로는 도약기에 선보였던 머리 위에 격파물을 올려놓고 몸을 공중으로 회전하면서 도약하여 목표물을 가격하는 머리 위 사과 격파기술에서 한 단계 발전된 청각을 이용한 '눈 가리고 칼끝 사과 격파기술이 선보여지게 되었다. 눈 가리고 칼끝 사과 격파기술은 격파 자가 눈을 가리고 일정한 거리에서 준비하게 되면, 보조자는 칼끝에 사과를 끼워 격파 자를 유도한다. 이때 격파자는 종소리만 듣고 격파물의 방향과 거리를 측정하여 칼끝에 끼워진 사과만을 격파하는 기술이다. 또한, 제자리에서 점프하면서 공중 회전하여 칼끝에 꽂혀있는 사과를 격파하는 제자리 공중회전 한발격파 및 두 발 칼끝사과 격파기술이 개발되었는데, 이 격파기술은 제자리서 뒤공중돌기를 하여 자신의 키보다 1미터 이상의 높은 위치에 있는 사과를 뒤로 공중돌기하면서 한 발 또는 두 발로 정확히 격파한 후 안전하게 착지하는 격파기술이다. <그림 43>은 눈 가리고 칼끝 사과 격파기술 시범 장면이다.

*대한태권도협회(1998a, 제1호)

<그림 43> 눈 가리고 칼끝 사과 격파 기술 장면

그리고 회전격파에서는 기존의 3~7방축 격파 및 점프 뒤 후려차기 격파기술에서 발전하여 10회 연속 뒤 후려차기 격파기술과 540도 회전(1, 2, 3단계) 격파기술이 새롭게 개발된다. 10회 연속 뒤 후려차기 격파기술은 제자리에서 회전하여 뒤 후려차기 기술을 이용하여 10개의 격파물을 연속적으로 빠르게 격파하는 기술이며, 540도 회전(1, 2, 3단계) 격파기술은 공중에서 540도 회전하면서 3개의 격파물을 연속적으로 격파하는 화려한 고난도 기술 동작이다. <그림 44>는 540도 회전(1, 2, 3단계) 격파 장면이다.

*국기원(2013. 02. 10)

<그림 44> 540도 회전(1, 2, 3단계) 격파 장면

이상에서 살펴보았듯이 정착기 태권도시범 기술은 이규형단장의 부임과 태권도한마당대회의 개최로 태권도의 내용과 특성에 따라 세부적으로 기술이 개발되어 도약격파기술에서는 돌려차기 3단계 격파, 가위차기 5단계 격파, 고공 4단 격파기술이 새로 생겨났을 뿐만 아니라 1980년대 남성이 선보였던 앞차기 3단계 격파기술을 1990년대에는 여성이 하게 되었다. 또한, 장애물 격파기술에서는 사람의 신체를 딛거나 혹은 밟고 하는 장애물 딛고 이단 앞 돌려차기 격파기술과 등 밟고 앞차기 3-4단계 격파기술, 장애물 낙법 격파기술이 새롭게 생겨났다. 그리고 정확성 격파기술은 발전기에 선보여진 머리 위에 올려놓고 몸을 공중으로 도약하여 회전하면서 목표물을 가격하는 머리 위 사과 격파기술에서 한 단계 발전하여 청각을 이용한 눈 가리고 칼끝 사과 격파기술이 나타났고, 회전격파에서는 10회 연속 뒤 후려차기 격파기술과 540도 회전(1, 2, 3단계) 격파기술과 같은 화려하고 웅장한 격파기술들이 새롭게 개발되어 선보였다.

제3절 요약

태권도시범의 정착기에 해당하는 1990년대에는 이규형단장의 등장, 태권도시범대회의 개최, 상업성을 띤 사설 태권도시범단의 출현, 공연예술과의 접목 같은 사건들이 계속해서 이어지면서 태권도시범이 태권도의 중심 영역으로 정착하게 되었다. 당대 태권도시범의 문화적 진화

과정을 고찰한 결과는 다음과 같이 요약된다.

첫째, 1989년 국기원시범단 부단장이었던 이규형이 이 시범단의 단장으로 취임하게 된다. '86서울아시안게임과 '88서울올림픽대회 개막식 태권도시범공연을 총괄 지휘했던 이규형이 단장으로 취임한 후 국기원시범단의 활동은 양적으로뿐만 아니라 질적으로 크게 변모하기 시작했다. 이규형의 등장으로 태권도시범의 의미가 크게 달라진 것이다. 달라진 의미는 세 가지 내용으로 압축될 수 있다. 먼저 태권도시범이 단순한 국가 홍보 차원을 넘어서 세계 평화에 이바지할 수 있다는 인식이 생겨났다. 올림픽대회 개막식 공연의 결과였다. 다음으로 태권도시범은 별도 직업을 지닌 사람들의 부수적 활동에서 전문성이 있어야 하는 직업의 한 영역으로 발전하였다. 국기원 성인대표시범단의 활동이 조직화하고 체계화된 결과였다. 마지막으로 태권도시범은 무술과 스포츠를 넘어서 심미성과 예술성을 추구하는 행위예술의 한 장르로 정착하게 되었다. 이는 전적으로 태권도시범공연의 양적 증가와 질적 성숙이 가져다준 결과였다.

둘째, 1992년 태권도한마당이 개최됨에 따라 시범 경기규칙이 제정되었으며, 이를 계기로 시범형식이 정형화되었다. 이 과정에서 시범기술이 빠르게 발전하였으며, 이와 더불어 새로운 시범장비들이 개발되었고, 태권도시범은 전문성이 있어야 하는 분야로 변모하게 되었다.

셋째, 1990년 11월 안학선의 주도로 사설 태권도시범단 코리언타이거즈가 결성되었다. 이 시범단은 기존의 시범단들과는 달리 철저하게 프로화, 상업화를 지향하였다. 태권도시범이 상업성을 지향했기 때문에 기술은 더욱 전문화되었고, 관중의 기대를 충족시켜주어야만 했다. 관중이 지니는 기대는 결코 완벽하게 충족되지 못한다. 관중은 언제나 이전보다 큰 자극을 원하기 때문이다. 상업화를 지향하는 태권도시범은 이와 같은 관중의 욕구를 충족시켜주어야만 살아남을 수 있다. 이와 같은 기술진화에 대한 구조적 강제는 새롭고 혁신적인 기술과 무대효과의 등장을 촉발시켰다.

넷째, 태권도시범의 의미가 변화하면서 지금까지와는 달리 태권도시범에 연출적인 요소가 가미될 필요성이 생겨났다. 즉 태권도시범의 효과를 극대화하기 위해 시범의 흐름에 리듬을 부여하고 분위기를 고조(高調)시키는 장치들이 필요해졌다. 조금 더 부연해 설명하면 시범을 선보이기에 앞서 관람자들의 감정을 고조시키기 위한 분위기가 조성되어야만 했다. 시범을 기획하는 자는 관중의 시각적 욕구와 청각적 욕구, 그리고 촉각적 욕구를 충족시켜주기 위해 전통 악기를 동원하였고, 다양한 색상의 복장을 도입하였으며, 여러 가지 장비들을 개발해야만 했다. 이와 같은 과정을 통해 태권도시범은 더욱 전문화되고 세분화되었다. 시범의 내용도 더욱 화려해지고 풍부해졌다.

제7장

태권도시범의 융성기

(2000년부터 현재)

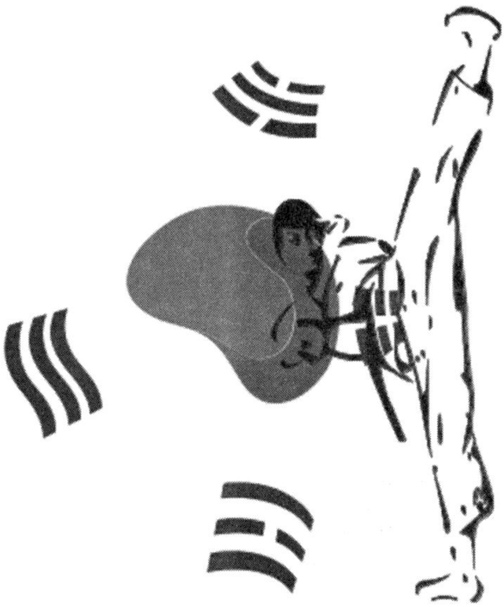

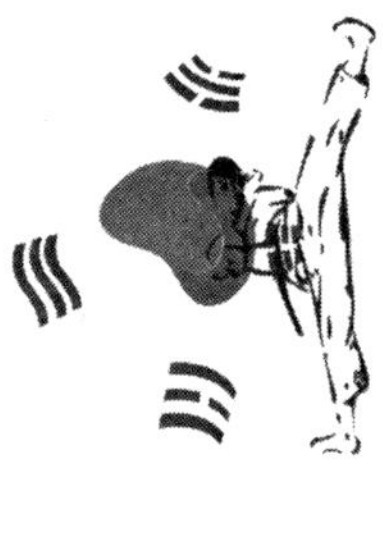

제1절 시대적 상황과 주요 사건들

1. 태권도의 문화상품화

문화는 한 사회의 개인이나 인간 집단이 자연을 변화시켜 물질적, 정신적으로 만들어낸 생활양식이며 여기에는 상징적 의미가 담겨 있다. 전통적으로 문화는 경제의 대상이라기보다는 교양의 대상으로 여겨져 왔으나 오늘날에는 산업과도 결합하면서 21세기의 새로운 부가가치의 원천이 되고 있다.

과거 경제 산업은 토지, 자본, 상품 등의 요소에 기반을 둔 상품의 대량생산에 기초한 굴뚝 경제 위주였으나, 오늘날의 경제 산업은 상품의 대량생산에 기초한 굴뚝 경제가 아니라 사람과 장소가 결정적인 역할을 하는 창조 경제 위주가 되었다. 이러한 시대에 문화는 그 어느 때보다도 경제적으로 중요하게 되며, 굴뚝 없는 공장으로 불리고 있는 문화콘텐츠산업은 고부가가치를 창출하는 미래의 산업기술로 주목받고 있다(최연구, 2011).

이에 정부에서도 문화콘텐츠산업의 중요성을 인식하여 문화체육관광부는 1996년 12월 2일에 한국을 대표하는 10대 문화상징으로 한글, 김치, 불고기 등과 함께 태권도를 선정하였고, 1999년 2월 8일에는 「문화산업진흥 기본법」을 제정하였다. 이 법 때문에 문화산업의 지원 및 육성에 필요한 사항을 정하여 문화산업 발전의 기반을 조성하고 경쟁력을 강화시켜 국민의 문화적 삶의 질 향상과 국민경제가 발전할 수 있는 계기가 만들어졌다. 그동안 여러 차례의 법 제·개정이 이루어져 2013년 3월 23일에는 「문화산업진흥 기본법 시행령」이 공포되었다. 문화산업진흥 기본법 시행령에서는 문화상품을 이렇게 정의하고 있다.

> "문화상품"이란 예술성·창의성·오락성·여가성·대중성(이하 '문화적 요소'라 한다)이 체화(體化)되어 경제적 부가가치를 창출하는 유형·무형의 재화(문화콘텐츠, 디지털문화콘텐츠 및 멀티미디어문화콘텐츠를 포함한다.)와 그 서비스 및 이들의 복합체를 말한다(법제처, 2013).

한편, 한국관광공사가 2005년에 프랑스인 2,300여 명을 대상으로 설문조사를 한 결과 응답자의 21%가 '한국 하면 태권도가 생각난다'고 응답하였다고 한다(태권도신문, 2006. 03. 13). 이는 실제로 외국에 나가 한국에 대해 아는 것을 물을 때, 태권도를 제일 먼저 꼽는 사람이 대부분이라는 것이 공공연한 사실이고 보면, 태권도가 한국을 대표하는 문화 상징물로 선정된 것은 너무나 당연한 일인지도 모른다(국기원, 1997). 이러한 사례는 태권도가 스포츠 종목이라는 단순한 가치를 뛰어넘어 한국의 역사와 철학, 언어와 생활양식이 잘 내포된 한국을 대표하는 문화 상징물이자 문화상품이라는 것을 잘 입증해 주고 있다.

정부에서도 스포츠 및 문화외교사절단으로서의 가치를 지니고 있는 한국의 대표 문화 상징물인 태권도를 인정하여 한국의 국가 경쟁력 및 국익을 위한 경제적 고부가가치의 자원으로 활용하기 위해 정책적이고, 재정적으로 지원하고 있다. 그에 따라 태권도는 한국의 문화산업진흥 발전에서도 매우 중요한 역할을 하고 있다.

국책사업으로 추진된 '태권도원'의 건립이 그 좋은 사례이다(2014년 9월 4일 개원). '태권도원'은 1994년 제103차 IOC 총회에서 태권도가 올림픽대회 정식종목으로 채택되어 현재 204개국 8천만 명이 수련하는 국제적인 스포츠로 부상하였으나, 태권도 종주국의 정통성 확보 및 위상을 높일 필요성이 제기되어 종주국의 위상에 걸맞은 상징적인 태권도 인프라를 구축하고, 태권도를 한국의 대표상품 및 문화·관광자원으로 육성하기 위해 추진되었다. 올림픽대회의 발생지 그리스에 올림피아(Olympia)가 있는 것처럼 태권도의 발생지인 대한민국에 세계태권도인의 성지 태권도피아(Taekwondopia=Taekwondo+Olympia)의 건설은 당연한 것이었다. 그리하여 문화체육관광부는 2004년 4월에 '태권도 공원' 조성계획을 발표하였고, 2005년에는 태권도원 조성을 위해 '태권도진흥재단'이 구성되었다(태권도진흥재단, 2013). 그리고 2007년 12월 21일에는 전 세계 태권도인의 성지인 태권도원을 조성하여 우리 민족 고유의 무도(武道)인 태권도를 진흥하고, 국민의 심신단련과 자긍심을 고취하며, 나아가 태권도를 세계적인 무도 및 스포츠로 발전시켜 국위선양에 이바지할 목적으로 「태권도진흥 및 태권도공원 조성 등에 관한 법률」이 제정되었다.

이를 계기로 태권도진흥재단은 태권도공원 조성 및 효율적 관리와 운영, 태권도 진흥사업 수행을 통한 태권도의 발전과 국제 위상 제고, 태권도 르네상스를 통한 가치창조와 문화 창출을 목적으로 전주시, 한국관광공사, 롯데관광개발㈜, ㈜지웰스 등의 기관과 협약을 체결하게 된다. 이 다섯 기관은 태권도의 관광 상품화를 위한 협력체계를 구축하였는데, 이를 실현하기 위해 공동으로 철도를 이용한 세계 태권도 관광열차 상품 운영에 관한 업무협약도 체결하였다. 이렇게 하여 한국의 전통문화와 태권도를 결합한 명품 관광 상품이 탄생하게 되었다(태권24, 2010. 03. 31).

그렇다면 태권도로 하여금 단시간 내에 가장 효과적으로 세계에 알리고, 한국을 대표하는 문화외교의 첨병 역할을 한 것은 무엇일까? 그것은 단연코 태권도시범단의 활동이라고 할 수 있다. 태권도시범단은 국제적 스포츠 행사에서 서막을 감동적으로 장식하거나, 때로는 세계 곳곳을 순회하며 시범을 선보이면서 관중으로 하여금 경탄을 자아내게 하고, 국내·외 저명인사 등 귀빈들의 방문 시에도 현란한 묘기로 시범을 보여 태권도를 통한 국위선양에 크게 이바지함으로써 태권도가 올림픽대회 정식 종목으로 채택된 것과 동시에 한국의 대표 문화 콘텐츠로 자리매김하기까지 중요한 발전배경이 되었다(국기원, 1997). 이러한 태권도시범단이 세계 곳곳을 순회하며 시범을 선보여 코리아 열풍을 불러일으키면서 민간외교관 역할을 톡톡히 수행하면서 한국의 이미지를 높였기 때문이다(서성원, 2009).

태권도시범단의 활약으로 2010년에는 대한태권도협회 국가대표시범공연단이 기업의 지속적인 경영활동과 경쟁력 있는 세계적 기업을 육성하기 위한 취지로 시상하는 '2010 한국을 빛낸 대표브랜드' 시상식에서 단체 국위선양 부분에 선정됐다. 대한태권도협회 국가대표시범공연단이 선정된 이유는 그동안 경기 위주였던 태권도를 예술의 경지로 끌어올려 프리미엄 스포츠로 육성하는 것은 물론 코리아오픈 국제태권도대회와 같은 주요 태권도대회와 전주문화엑스포, 무주 반딧불축제 등과 같은 문화행사에 참여해 태권도의 아름다움을 널리 알렸기 때문이다. 또한, 정통태권도시범에서 한 걸음 나아가 신화 에피소드, 태권아리랑 파티 등과 같은 개성이 돋보이는 작품을 준비해 최근 5년간 북미와 유럽은 물론 아프리카, 중앙아시아, 동남아시아, 동유럽 등에서 헤아릴 수 없이 많은 공연을 하며 예술로서의 태권도를 세계 곳곳에 전파하였기 때문이다(태권24, 2010. 05. 06).

이처럼 태권도시범은 이제 과거 실전적 위력의 과시에서 탈피하여 완벽하고, 아름다운 기술이라는 미적 원리에 의해 예술적 가치로 승화되어 태권도와 한국문화를 알리는 민간외교관 역할을 담당하며, 한국을 대표하는 문화공연 예술로 성장하였다. 대표적인 태권도시범공연 중 '탈(TAL)'은 태권도와 한국무용, 난타 등을 접목한 퍼포먼스형식[17]으로 전 세계 20여 개국을 돌며 태권도의 우수성을 알리고 있다. 또한, 서울특별시에서는 종주국을 찾는 세계 태권도인을 대상으로 한 관광상품을 개발하였다. 이 관광 상품의 명칭은 '태권도 시범 정기공연과 태권도 체험프로그램'으로서 2007년 3월 24일부터 2010년까지 경희궁에서 제공되었고(서울톡톡, 2007. 03. 22), '국기원시범단'과 '미동초등학교 어린이시범단'이 공연을 담당하고 있다.[18] 특히 서울특별시는 '태

17) 그 외에도 태권도를 소재로 한 공연으로 '점프-JUMP', '태권무무 달하-The Moon', '신화-Taekwon 2013 Episode', '태왕사신기' 등의 작품이 있다.

18) 태권도시범 문화공연 및 외국인들을 위한 태권도 체험프로그램 등을 주최함에 따라서 태권도를 홍보하고 체험할 기회를 제공하고 있다.

권도 관광프로그램'을 해외에 적극적으로 홍보하기 위해 뉴욕 타임스 B섹션 7면 하단에 '서울로 오세요(Come to Seoul)'라는 헤드 카피와 함께 경희궁을 배경으로 하여 태권도인이 뛰어 앞차기 하는 사진을 태권도 관광프로그램 광고로 게재하였다. 이렇게 서울시는 태권도를 서울 관광을 홍보하기 위한 수단으로 적극 활용하고 있다(무카스, 2008. 10. 28). <그림 45>는 서울시에서 '태권도시범 정기공연과 태권도체험 관광프로그램'을 홍보하기 위해 뉴욕타임스에 실은 광고 장면이다.

*무카스(2008. 10. 28)

<그림 45> 태권도 관광프로그램 광고

그리고 세계적인 사설 태권도시범공연팀인 코리언타이거즈시범단이 연중 쉴 새 없이 대중과 호흡하는 태권도 문화공연을 활발하게 전개하고 있다(무카스, 2012. 12. 27). 이 시범공연단체는 2009년 초에 아시아 특히 중국과 인도를 대상으로 아시아 국가들을 순방하면서 질 높은 공연을 선보이겠다는 결의를 다짐하였고, 이를 실행하기 위한 사업추진 계획을 발표하였으며, 동연 4월 15일 베이징에서 중국 진출 기자회견을 열고, 16일에 북경에서 대규모 시사회를 개최했으며(무카스, 2009. 03. 23). 또 2012년 10월 16일에는 이 단체가 제안한 시범 프로그램이 2013년 완공 예정인 '태권도원'의 무대공연 콘텐츠 개발 분야에 최고의 공연물로 선정되었다(무카스, 2012. 10. 17).

이와 같은 태권도시범을 문화공연으로 활성화하기 위한 목적으로 문화체육관광부와 KTA가 협의하여 2012년 12월 21일에 상설 태권도 전통문화 전용 공연장인 'K-아트홀'이 개관되었다. 이 공연장의 개관으로 한국의 정신이 담긴 태권도 시범공연이 한국을 세계에 알리는 전도사로서의 구실을 할 수 있는 장이 마련되었다. 이처럼 태권도 시범은 하나의 공연예술로 탈바꿈하여 한국의 주요 문화 상품 가운데 하나가 되었으며, 한국 문화를 전 세계에 알릴 수 있는 중요한 홍보수단이 되었다.

2. 시범단체의 양적 증가

시범단이란 모범을 보이는 사람으로 이루어진 단체를 말하는 것으로, 태권도시범단(이하 시범단) 역시, 태권도를 수련한 자가 태권도 기술과 묘기를 보여주는 것뿐만 아니라 태권도수련자의 정신적 기풍까지를 포함해 다수 관람자에게 태권도에 관한 전반적인 내용을 소개함으로써 태권도가 무엇인가를 모범적으로 보여주는 단체라고 할 수 있다. 시범단은 시범을 통해 관람자들에게 신기함과 흥미를 갖게 하여 배우고자 하는 의욕을 느낄 수 있도록 하게 만드는 역할을 한다.

최초의 시범단은 이승만 대통령의 초청으로 한국을 방문한 월남의 고딘디엠 대통령이 제29사단 태권도시범을 보고 감동을 하여 베트남(월남)에 시범단 파견을 요청하여 1959년 3월 12일 국방부의 주도로 국군태권도시범단이 결성된 것이 그 출발이었다. 대한민국을 대표하는 시범단이 공식적으로 생겨난 것은 1974년 9월 6일에 창단한 '국기원 상설 대표 시범단(이하 국기원시범단)'이다. 국기원시범단은 정통 태권도시범의 틀을 완성하였으며, 태권도를 전 세계에 알리는 효자 노릇을 톡톡히 해왔다.

그 후 1982년부터는 대학에서도 태권도학과가 설립되면서 태권도학과에서도 시범단을 창단하기 시작했고, 1987년 3월에는 태권도를 통한 선교와 복음을 전파할 목적으로 '할렐루야시범단'이 창단되었다. 1990년에는 최초의 사설 시범단이라 할 수 있는 '코리안타이거즈(K-tigers) 시범단'과 '리틀 타이거즈 시범단'이 창단되었다. 각 태권도 단체 및 대학별로 창단된 시범단은 세계 각국을 순방하면서 태권도 기술의 우수성과 태권도 보급을 위해 활발할 활동을 전개했을 뿐만 아니라 대한민국의 민간 외교적 역할과 문화 홍보사절단으로 해야 할 역할을 대신해 오면서 국위를 선양하는 데 앞장서 왔다.

시범단은 2000년대 초반을 기점으로 해를 거듭할수록 대학별, 지역별, 국가별로 각 단체를 대표하는 시범단들이 독자적으로 창단·운영됨으로써 시범단이 양적으로 크게 증가하였으며, 그 활동 반경도 점점 더 커지고 있다. 특히 태권도 관련 기관, 즉 국기원, 대한태권도협회, WTF 같은 태권도를 대표하는 기관들은 각자의 시범단을 새롭게 창단하여 국내는 물론 국외에서도 왕성한 시범 활동을 펼치고 있다(정재환, 김지혁, 곽택용, 2012). 이와 같은 시범단의 양적 증가로 말미암아 각 단체를 대표하는 시범단들은 선의의 경쟁을 통해 한층 더 성숙한 태권도시범문화를 만들어가고 있으며, 이를 통하여 다양한 태권도 시범기술이 더 빠르게 개발되고 있다.

국기원시범단은 1974년부터 2007년까지 35년 동안 국가대표 시범단이라는 명칭으로 대한태권도협회와 WTF의 국내 및 해외 행사가 있을 때마다 각 지역으로 파견되어 시범을 펼치면서 태권도 전도사 역할을 담당해 왔다. 그러나 2008년 대한태권도협회와 WTF도 자체 시범단을 출범시켰다. 대한태권도협회는 2008년 5월 5일 개최되었던 '꿈나무 태권도 대회'에서 새로 창단한 '국가대표 태권도 시범공연단'을 소개하고, 그 출범을 알렸다. 대한태권도협회는 세계의 태권도 문화를 주도하는 종주국 협회로서 지도력을 회복하고, 현시대가 요구하는 다양한 태권도의 문화소비 욕구를 충족시키기 위한 취지에서 시범단을 창단한다고 하였다. 시범단은 단장, 감독, 코치, 트레이너 등을 포함해 총 44명으로 구성되었으며, 다양한 시범을 추구하기 위해 예술 감독과 음악 감독이 위촉됐고, 사물놀이, 비 보이(B-Boy), 익스트림 등 일반 공연단체 및 각 대학예술단이 협력단체로 지정되었다. 당시 이춘우 시범공연단 단장은 '태권도시범문화의 새로운 지평을 여는 시범공연단이 될 것'이라고 말했으며, '태권도 종주국의 대표 시범단인 만큼 다양한 프로그램과 강인한 수련으로 선구자적 역할을 해나갈 것'이라고 자신의 포부를 밝혔다(태권도신문, 2008. 05. 15). 또한, WTF는 2008년 3월 2일 태권도 시범의 세계화를 강조하며, 태권도의 우수성을 전 세계에 알리고, WTF의 이미지를 부각하기 위해 'WTF시범단'을 창단했다. WTF는 2006년 3월 20일 국내·외 대학생들로 구성된 시범단을 창단한다는 방침을 정해놓고 준비 작업에 착수했으나 예산확보의 어려움 때문에 실현하지 못했다. 그러나 2년간의 준비 끝에 그동안 보류되었던 시범단이 창단된 것이다(태권도신문, 2006. 03. 27). 이로써 태권도 3대 주요기구들은 제각각의 시범단을 운영하게 되었으며, 이 태권도 3대 주요기구의 시범단은 본격적으로 선의의 경쟁을 하기 시작했다.

이러한 시대 흐름에 맞추어 대한태권도협회 산하 시·도지부 및 연맹에서도 시범단이 창단되기 시작했다. 대한태권도협회 산하 시·도지부 중에서는 2000년에 서울특별시태권도협회가 가장 먼저 시범단을 창단했으며, 2004년에는 대구광역시태권도협회가 시범단을 창단하였다. 그 뒤로 2009년에는 대전광역시태권도협회, 2010년에는 경상북도태권도협회, 2011년에는 울산광역시태권도협회가 각각 시범단을 창단하였다. 그뿐만 아니라 한국대학태권도연맹(KUTF)도 가맹 대학 및 대학태권도인들 간의 친목 도모와 교류를 통하여 대학태권도의 건전한 발전에 이바지할 목적으로 2011년 3월 5일에 단원을 선발하여 '대학태권도연맹시범단'을 창단하였다(한국대학태권도연맹, 2013).

<표 3>은 2013년 현재 대한태권도협회 시·도지부 시범단의 창단

현황이다.

<표 3> 2013년 대한태권도협회 시·도지부 시범단 창단 현황

시·도지부	시범단 명칭	창단연도	단장 및 지도자
서울특별시 태권도협회	서울특별시 태권도협회 시범단	2000년	총단장: 이병호
	관악구 시범단	2000년	단장: 김상익, 코치: 방인주
	노원구 시범단	2007년	단장: 이철재 감독: 김희도 코치: 김재승
	서초구 시범단	2012년	단장: 김용구, 감독: 김석중 코치: 김한구, 이재구 트레이너: 서승완
	중랑구 시범단	2006년	감독: 심원보 코치: 성시훈, 김미현, 유기철
인천광역시 태권도협회	서구 시범단	2008년	코치: 변희문, 주장: 전종건
	서구 어린이 시범단	2004년	단장: 전년성, 코치: 전현철
경기도 태권도협회	고양시 시범단	2009년	단장: 이충근, 감독: 김시경 코치: 김진록, 이수복
	수원시 시범단	2006년	단장: 차순규 코치: 이신제, 최정환, 고광남
	안산시 시범단		단장: 유병훈, 감동: 안충기 코치: 임석빈, 송기성
	이천시 시범단	2012년	단장: 장재설, 감독: 이도성 코치: 조주환, 트레이너: 이정선

	평택시 시범단	2010년	총단장: 윤준호, 단장: 오명근 감독: 정진현, 코치: 유승철
대전광역시 태권도협회	대전광역시 태권도협회 시범단	2009년	총감독: 강권구
경상북도 태권도협회	경상북도태권도 협회 도립 시범단	2010년	총책임: 양정석
대구광역시 태권도협회	대구광역시 태권도협회 시범단	2004년	성인 코치: 이규하 어린이 코치: 임종만 지도자 코치: 김석용
전라북도 태권도협회	무주(반딧불) 학생 시범단	2007년	단장: 김성삼, 감독: 길민재 수석코치: 이도우
전라남도 태권도협회	순천시 시범단	2012년	단장: 김춘열
울산광역시 태권도협회	울산광역시 태권도협회 시범단	2011년	단장: 정희영 코치: 박경탁, 천상수

한편, 대한장애인체육회와 대한장애인태권도협회도 장애인태권도 홍보대사로서 장애인 태권도 분야의 홍보 및 저변확대를 위해, 그리고 장애인올림픽대회에서 태권도가 정식종목으로 채택되게 하려고 2012년 5월 3일에 '장애인태권도 국가대표 시범단'을 창단하였다. 장애인태권도 시범단은 시각, 지적, 지체, 농아 장애를 가진 총 20명으로 구성되어 있으며, 초대 단장으로는 전 청와대 경호실 특별보좌관을 지낸 바 있는 정재규가 선임되었다(태권도신문, 2012. 05. 07). 장애인 시범단은 2012년 6월에 개최된 '제7회 아태농아인 경기대회'에서 비장애인 태권

도시범단과 다르지 않게 품새와 격파, 겨루기 등 다양한 태권도시범활동을 선보였다.

이렇듯 다양한 단체들이 시범단을 창단하게 됨에 따라 시범단의 수가 급격하게 증가하게 되었다. 각 단체가 시범단을 창단하는 이유는 그것이 태권도에 관한 전반적인 구성 내용을 모범적으로 보여주는 활동이기 때문이다.

태권도시범은 태권도에 관한 기술뿐 아니라 수련자의 정신적 기풍도 관중에게 보여주는 것이기 때문에 인쇄 매체를 통한 홍보보다도 훨씬 효율적으로 태권도의 가치를 홍보할 수 있다. 또한, 시범은 역동적이고 다양한 기술시연을 통해 사람들을 유인함으로써 태권도인구의 저변 확대에 이바지할 수 있고, 수련자 개인과 소속단체에 대한 명예를 높여 호의적인 인상을 받도록 함으로써 대중에게 태권도에 대한 긍정적인 인식을 심어줄 수 있다.

그뿐만 아니라 태권도 시범은 가장 한국적인 것으로 알려진 태권도를 국가의 문화상품으로 만들어주었으며, 국위선양에도 크게 공헌하여 왔다. 그리고 이러한 시범의 주체로서 시범단이 수적으로 증가함에 따라 각 시범단은 우수하고 차별화된 시범을 선보이기 위해 서로 경쟁적으로 연구하고 노력하고 있다. 이와 같은 경향으로 말미암아 시범단원 개인의 실력은 크게 향상되었으며, 이 때문에 태권도 기술이 크게 발전하게 되었고, 결과적으로 더욱 질 높은 시범을 선보일 수 있게 되었다.

3. 공연 예술화 경향

21세기에 문화의 시대가 시작되면서 예술의 중요성이 강조되고 있는 가운데 공연 예술은 문화산업의 중심으로 부상하고 있다(이인권, 2009). 이에 따라 공연 예술분야에 대한 정부와 각 기관의 지원이 활발해지면서 공연 예술의 창작 열기도 그 어느 때보다 활기를 띠고 있다.

공연 예술(Performing art)이란 여러 사람이 지켜보는 가운데 무대에서 공연되는 모든 형태의 예술을 의미하는데, 태권도를 비롯해 연극, 무용, 뮤지컬, 오페라, 행위예술, 라이브콘서트 등이 여기에 포함된다. 양정현(2006, p. 3)은 공연 예술을 "각기 다른 분야의 예술가와 기술자가 모여 토론하고, 타협하여 각기 다른 요소와 행위를 종합함으로써 조화롭고 통일된 예술작품을 창출하는 종합적이고 집합적인 예술행위"라고 하였다.

공연 예술은 사회 문화 체계의 변화로 기존의 개념을 뛰어넘어 새로운 개념으로 바뀌면서 다양한 문화적 현상으로 등장하기 시작했다. 다양한 문화적 현상에 의해 공연 예술은 서로 다양한 장르간의 예술적 소통을 통해 탈 장르화 되면서 다른 장르들과의 연계를 시도하여 그 경계가 무너지고 한층 더 발전된 새로운 현상을 형성하고 있다. 이러한 현상을 크로스오버(Crossover)적 현상이라고 한다. 크로스오버란 서로 성격이 다른 장르 간의 융합을 통해 새로운 문화적 현상이 일어나는 것을 뜻한다. 다시 말해 이질적인 요소들이 서로 만나 새로운 것으로 변형되는 예술적 상호작용 과정을 의미한다. 이것은 장르간의 통합뿐만 아니라 동양과 서양의 만남 등 상충하는 두 가지 요소가 만나 조화를 이루는 것을 의미한다(윤인경, 2005).

사회 전반에 걸쳐 나타나고 있는 크로스오버적 현상은 태권도시범에도 나타나 서로 성격이 다른 장르 간의 융합을 시도하면서 새로운 태권도시범 문화를 만들어가고 있다. 기존의 태권도시범이 기본동작, 품새, 겨루기, 격파, 호신술, 태권 체조 등을 짜임새 있게 구성하여 태권도의 전반적인 내용을 보여주는 단순한 실연(實演)적 시범(Demonstration) 개념이었다면(김태상, 2005; 박진수, 2011), 현재에는 예술로 보는 공연 예술적 시범 개념으로 새롭게 변화되어 비 보이, 한국무용, 국악, 타악, 음악과 체조, 아크로바틱 등과 융합해 권선징악, 화합, 대립을 주제로 스토리화 한 공연 예술적인 경향을 보이고 있다.

태권도시범의 공연 예술적 경향은 2000년대 들어 태권도기관이나 대학 태권도학과 시범단, 사설 시범단 등과 같은 대부분의 시범단에서 획일화된 시범에서 탈피하여 새로운 시범 프로그램을 개발하기 위해 타 장르 간 영역의 경계를 넘어 융합하면서 새로운 공연형태의 태권도 시범 프로그램을 제작하여 본격적으로 선보이기 시작했다.

태권도 기관을 대표하는 국기원과 대한태권도협회에서는 태권도시범에 대한 변화의 필요성을 인식함으로써 새로운 시범문화의 창출과 시범공연의 활성화를 위해 태권도시범의 공연작품을 제작하였다. 먼저, 국기원은 '태권도의 혼(Soul of Taekwondo)'과 '태권도의 전설(Legend of Taekwondo)'이라는 퍼포먼스 형태의 시범프로그램을 새롭게 제작하였다. 이 작품은 3막으로 구성되어 있으며 태권도 수련을 통해 평화로운 세상을 만들어 가는 이야기를 전하며, 과거의 기술 시범과 달리 스토리에 의해 내용이 전개되는 공연형태를 보이고 있다. 특히 국기원에서는 태권도시범의 가치를 재발견하고 시범공연육성을 지원하고 새로운 공연패러다임을 발굴할 목적으로 2009년에 '제1회 세계태권도시범 경연대회'를 개최한 것이다. 이 대회의 심사기준은 태권도시범의 기술적 부문만을 평가한 기존방식을 탈피하여 연기, 배경 음악, 스토리 등의 예술적 측면을 심사할 수 있는 방식을 도입해 태권도시범이 '극'적, '예술' 적 요소로 접근할 수 있는 계기를 만들어 주었다(박진수, 2012). 이는 정통 태권도를 추구하는 국기원이 태권도시범을 공연예술적 개념으로 변화시키려는 의지가 담겨 있다는 점을 나타내주고 있다.

그리고 대한태권도협회가 2006년에 12월 태권도 공원의 성공적인 조성과 태권도시범 공연의 향상을 위해 기획·제작한 '신화-Taekwon 2013 Episode 1'은 국내 최초로 기존의 정통시범 틀을 깨고 스토리 전개를 통해 태권도 관중에게 좀 더 재미를 줄 수 있도록 연출된 것이며, 기존의 시범과는 달리 무대, 조명, 영상, 음향, 의상, 무대장치 등을 활용하여 태권도 퍼포먼스를 펼친 것이다(곽택용, 2012). 국가대표 태권도시범공연단의 최초 공연작으로 평가받고 있는 이 공연은 총 4막으로 구성되어 있으며, 그 줄거리는 다음과 같다.

> 태권도의 성지인 태권도공원이 완공되어 모든 사람의 정신적 지주가 되지만 세계 제패를 노리는 악의 무리가 태권도 정신의 상징인 '태극패'를 강탈해간다. 이를 되찾기 위해 세계 각지에 파견됐던 태권도인들이

태극 결사대를 결성하여, 악의 무리를 물리치고 태극패를 되찾아와 태권도 정신을 되살린다. 이로써 세계는 평화를 되찾게 된다.

이 공연은 태권도시범을 공연예술로 승화시켜 태권도의 새로운 가치를 창출하게 해주었다. 그것은 기존의 체육관 경기장에서 하던 시범과는 분명히 차원이 다른 것이었으며, 무대예술극으로서 태권도시범의 가능성을 보여준 것이었다(서성원, 2012). 그리고 대한태권도협회의 '탈(TAL)'은 최소리(SR Group Enter taintment) 감독과 이춘우(국가대표 시범단) 단장이 태권도를 기본으로 타악, 전통 한국무용, 그리고 세계적으로 인정받는 젊은 문화의 아이콘 비보이 등을 다양하게 접목하고 스토리텔링을 가미하여 만든 넌버벌 퍼포먼스 공연이다(곽택용, 2012). 이 공연은 기존의 단순 격파 기술 및 품새 시범과는 달리 태권도 시범의 기본적인 틀을 깨고 줄거리와 캐릭터 등 극적인 요소와 함께 타악, 한국무용, 비보이 등을 융합하여 만든 것이다.

'탈(TAL)' 공연팀은 하나의 문화예술 공연으로 승화시킨 태권도시범을 전 세계인에게 선보이기 위해 월드투어에 나섰다. 200여 개국 순회공연을 목표로 시작한 2011 및 2012 월드투어 '탈(TAL)'은 한국의 전통 소리(타악), 전통 무용, 비보이, 태권도 등으로 구성된 공연예술 부문의 국가대표 공연으로 한류문화를 선도하고 국가 이미지 제고의 첨병 역할을 담당하고 있다(대한태권도협회, 2013). <그림 46>은 '탈(TAL)' 공연 포스터이다.

*대한태권도협회(2013)

<그림 46> '탈(TAL)' 공연 포스터

이러한 경향으로 말미암아 대학 태권도학과소속 시범단도 태권도시범의 공연예술화에 깊은 관심을 두게 되었으며, 여기에 적극 동참하고 있다. 몇몇 대학의 태권도학과는 태권도공연을 졸업 작품으로 제작하여 발표한 바 있다.

가장 먼저 태권도시범공연의 개발에 나선 것은 우석대학교이다. 2007년부터 에피소드 1 <사랑아> 스토리 시범을 제작한 것을 시작으로, 2008년 3월에는 창작 뮤지컬 제작자 ㈜루나틱 컴퍼니(대표 정연식)와 산학협력을 체결하여 태권 예술단 '패밀리'를 창단하였다(태권도신문, 2008. 06. 16). 또한, 2009년 10월 태권도를 소재로 개그맨 백재현이 제작한 뮤지컬 '타타 인 붓다(TATA in Buddha)'는 2,500년 전 인도에서 싯다르타가 보리수 밑에서 깨달음을 얻기까지의 과정을 총 3막 22장으로 구성한 작품이다. 이 뮤지컬의 모든 장면은 태권도 품새와 각종 시범기술로 구성되어 있다(네이버블로그, 2009). 우석대학교 시범단은 2010년 '동학농민운동'을 공연하였으며, 2011년에는 '로미오와 줄리엣'을 선보여 큰 호응을 얻었다. 2013년에는 극단 코리아아트컴퍼니(단장 성상희)가 태권도와 타악을 접목한 태권도 공연을 공동 제작하기 위해 산학협약을 맺어 새로운 한류 문화 콘텐츠 개발에 나서고 있을 뿐만 아니라 매년 다양한 작품들을 선보이고 있다(무카스, 2013. 04. 05).

그리고 2009년에는 조선대학교 시범단에서 이순신 장군의 일대기를 그린 공연을 선보였고, 같은 해 경민대학교 태권도외교과에서는 창작 뮤지컬 '액션2'를 선보였다. 경민대학교는 2008년 한국콘텐츠진흥원에서 특성화 교육기관으로 선정되어 무술연기자양성프로그램을 신설하여 2년간 학생들을 대상으로 연기자 수업을 진행하였고, 2008년 10월에는 '무술연기자 양성 프로그램 및 교재개발 세미나를 개최하여 태권도 전공학생들의 새로운 진로를 모색하는 데 노력하고 있다(태권도신문, 2009. 12. 02).

마지막으로 2012년에는 경희대학교 태권도학과 선후배로 구성된 공연단이 무술과 연극, 뮤지컬이 융합된 <태왕사신전>이라는 공연 작품을 선보여 새로운 시도라는 측면에서 대중들의 높은 호응을 얻었다(무카스, 2012. 11. 21).

한편, 경희대학교 태권도학과에서는 2011년에 졸업발표회를 대신하여 '황금 띠의 전설'이라는 공연작품을 제작하였으며, 대학 재학 중 활동하였던 품새 동아리 '단군', 마샬아츠 동아리 '익스트림', 태권도학과 시범동아리 '시범단'으로 3개 동아리의 특성에 맞는 태권도를 표현하여 태권도를 배우고 있는 수련생과 경희대학교 태권도학과 재학생 및 졸업생, 그리고 부모님을 초청해 공연을 선보였다(무카스, 2011. 11. 29). 이상과 같이 태권도시범의 공연 예술화 경향은 전국의 각 대학 태권도학과 시범단 전반에 걸쳐 나타나고 있다.

마찬가지로 이러한 경향은 사설 시범단에서 더욱 활발히 진행되고 있다. 사설 시범단을 대표하는 코리언타이거즈는 태권도시범의 공연 예술화의 선두주자라고 할 수 있다. 코리언타이거즈는 2012년 9월에는 징브로 컴퍼니에서 태권도와 현대무용을 결합한 '태권, 춤을 품다'를 제작하여, '2012 세종 춤 배틀, 베틀'대회에서 참가하여 최우수 작품으로 선정되었다. 이 작품은 춤의 몸짓과 태권도의 이미지를 융합한 무용수들의 동작에 재치가 넘치며, 대사 없이 태권도의 움직임과 현대 무용을 접목해 예술교육 효과도 얻을 수 있도록 제작되었다. 코리언타이거즈의 대표적인 공연 작품인 '쇼 태권 K-tigers LIVE SHOW'는 2013년 1월 태권도공연으로는 최초로 세종문화회관에서 단독으로 상연되었다. 이 작품은 정통 태권도기술과 드라마, 격파, 댄스를 다양한 형태로 혼합시킨 태권도 퍼포먼스이자 초대형 버라이어티 쇼로서 만들어진 것으로서, 정통 태권도와 K-POP 등 태권도로 볼 수 있는 다양한 퍼포먼스들을 통해 관객들에게 태권도가 줄 수 있는 최대치의 재미와 감동을 선사하였다(무카스, 2013. 01. 17). 그 외에도 많은 공연 작품들이 제작되어 선보였으며, 현재에도 태권도를 공연화한 작품들을 제작하고 있다.

태권도시범이 공연 예술로 그 가치를 인정받음에 따라 2012년 11월 21에는 문화체육관광부와 국민체육진흥공단에서 한국문화 중심인 태권도, 전통 가락, 한국무용 등 한국적 소재의 복합 문화공연을 활성화하고, 한국문화를 세계적인 문화산업과 관광자원으로 육성, 발전시키기 위하여 'K-아트홀'(태권도 공연장)을 개관하였다. 'K-아트홀'은 공연 효과를 극대화할 수 있도록 가변 무대와 다중음향, 조명 등 최신 시설과 장비를 설치하였다(일간스포츠, 2012. 11. 19).

이상에서 살펴본 태권도시범의 다양한 기술에서 나타나는 생동감 넘치는 동작들은 정서적 반응을 일으킬 수 있는 아름다운 표현행위로 재창조되어 예술적으로 승화되어 대중문화 예술로서 그 가치를 인정받고 있다.

제2절 시범의 형식과 내용

1. 시범의 형식

앞서 살펴보았듯이 정착기 태권도시범의 형태는 이규형단장의 등장과 사설 시범단의 창단, 그리고 태권도한마당대회의 개최로 인하여 과거와는 현저히 다르게 변화하였다. 특히 시범의 효과를 극대화하기 위해 시범의 순서에 고조(高調)를 주었으며, 시범이 진행되는 과정에서 관람자들의 감정과 분위기를 고려하여 시각적, 청각적, 촉각적인 효과를 삽입하였다. 이러한 조처를 통해 태권도시범은 체계적이고 독립적인 예술의 한 장르로 발전하게 되었다.

이를 토대로 2000년대 융성기에 이르러 태권도시범은 주제를 갖고 스토리에 따라 전개되면서 여러 가지 예술적 요소들과 결합하여 넌버벌 퍼포먼스 형태의 공연작품으로 진화하게 되었다. 다양한 태권도공연이 제작, 발표되면서 태권도시범이 공연 예술의 한 장르로 변신하게 된 것이다. 그리하여 정부 기관은 공연 예술로서 태권도 시범의 가치를 인정하였으며 태권도를 한국의 대표적 문화상품으로 개발하기 위해 각종 지원을 아끼지 않았다. 태권도시범이 한국의 문화를 홍보하고, 고부가가치를 창출하는 문화콘텐츠 상품이 될 수 있다고 여겼기 때문이다.

이에 따라 태권도시범은 기본동작, 품새, 겨루기, 격파, 호신술, 태권체조 등 태권도의 전반적인 내용을 짜임새 있게 구성하여 연출하던 전통 방식에서 벗어나 태권도의 화려한 몸동작과 웅장한 기본동작의 군무, 파괴적인 격파기술과 함께 한국무용, 비보이, 국악, 사물놀이, 타악, 아크로바틱(기계체조) 등과 같은 이질적 요소들을 포함함으로써 크로스오버적인 성향을 띠게 되었다. 태권도시범의 공연 예술화 경향은 태권도시범의 형태에도 많은 영향을 주었다.

특히 태권도시범단의 입장과 퇴장 방식이 크게 변화하였다. 기존의 전통 시범방식에서는 시범단이 개별 시범을 보이기 위해 등장하고 퇴장할 때마다 입장, 준비, 바로, 퇴장이라는 구호와 신호가 계속해서 이어졌다. 구호와 신호는 태권도시범의 독창적인 장면을 부각해주었으며 관람자와 시연자가 시범에 더 잘 집중할 수 있게 해준다고 믿었기 때문이다. 이러한 반복적인 구령 방식으로 말미암아 관중의 집중도는 오히려 떨어졌고, 이와 함께 시범에 대한 기대감도 하락했다. 즉 시범이 클라이맥스 없이 무미건조하게 진행되었으며 흐름이 자주 끊기는 역효과가 발생하였다.

그러나 융성기에는 시범의 흐름이 끊기지 않고 자연스럽게 이어지도록 기존의 입장과 퇴장 방식을 대폭 수정하였다. 즉 단절적으로 이어지던 태권도 시범이 연속적으로 이어지도록 각종 장치를 마련하였으며, 이를 통해 관람객들은 시범에 쉽게 몰입하여 긴장의 클라이맥스를 경험할 수 있게 되었다. 또한, 새롭게 개발된 태권도 시범프로그램은 기존의 격파 위주 시범과는 달리 주제와 줄거리를 갖추게 되었으며, 이에 맞추어 시범이 전개되었다. 그리고 시범 순서도 연극이나 뮤지컬 같은 무대예술과 같은 방식으로 1막, 2막, 3막, 4막 등으로 나누어졌다.

융성기의 태권도시범은 기존의 태권도시범에서 나타나지 않았던 '막(幕)' 개념을 도입함으로써 시범의 전개과정을 몇 단계로 구분할 수 있게 된 것이다. 연출자는 막의 도입을 통해 태권도시범을 기승전결(起承轉結)로 짜임새 있게 연출할 수 있게 되었다. 이와 같은 시범 형태는 세계태권도본부인 국기원시범단의 시범프로그램에 잘 나타나 있다.

국기원시범단의 시범프로그램은 총 3부로 이루어져 있다. '태권도의 혼(Soul of Taekwondo)'이라는 제목이 부여된 1부는 태권도의 정신을 표현하는 내용으로 구성되어 있으며, '태권도의 전설(Legend of Taekwondo)'로 이름 붙여진 2부는 태권도의 신 마스터와 이를 시기한 신 두억서니의 대립을 상징화한 내용으로 구성되어 있고, '태권아리(Taekwon ARI : Dream of Taekwondo)'로 명명된 3부는 태권도의 아름다움을 표현하는 내용으로 구성되어 있다. 이러한 국기원시범단의 시범은 선과 악의 대립을 태권도시범이라는 장르에 포함해, 이 주제에 적절한 시범 내용을 선정하고, 적합한 음악과 조명으로 분위기를 고조시킨 후에, 다양한 태권도동작으로 이루어진 연기와 몸짓을 선보여 관람객을 매료시키는 넌버벌 퍼포먼스가 된 것이다.

융성기 태권도시범의 변화와 관련하여 주목할 필요가 있는 또 하나의 특징은 전문 연출자의 등장이다. 태권도시범은 무예와 스포츠의 경계를 넘어 타 장르의 행위예술과 융합되면서 무대공연으로 변신하게 된 것이다. 이 과정에서 공연을 기획하고 연출할 수 있는 전문가가 필요해졌다. 기존의 태권도시범에서는 각 시범단의 단장, 감독, 코치, 트레이너, 주장 등이 연출을 담당했으나 태권도시범이 공연작품의 형태로 변화하게 됨에 따라 전문적인 연출가가 필요해진 것이다. 예컨대 국기원은 2008년에 개그맨이자 연출가인 백재현[19]을 발탁해 국기원시범단

---

19) 개그맨에서 연출가로 변신한 백재현은 ㈜루나틱 컴퍼니(대표 정연식)의 상임연출가이며, 예술성이 부족한 그는 태권도를 예술적으로 승화시키기 위해 노력하고 있다. 대표적인 연출작으로는 창작뮤지컬 '루나틱'과 영국의 에든버러 프리지 페스티벌에서 2008년에 발표한 '태권 마샬아츠-패밀리'를 연출하였으며, 2010년에는 '태권 몽키' 등을 연출 및 제작하여 연출가로서 높은 평가를 받고 있다.

의 시범 연출을 맡긴 바 있다. <표 4>는 2012년 국기원시범단의 시범공연프로그램이다.

<표 4> 2012년 국기원시범단 시범공연프로그램

구분	시간	시범 공연 프로그램
1부	12분	**태권도의 혼(Soul of Taekwondo)** **[태권도의 정신을 공연으로 연출한 작품]** 화려한 기술을 넘어 스토리를 가미하여 한층 진화된 태권도 시범을 볼 수 있습니다. 정통 태권도를 고수하면서도 공연예술의 재미와 스피드 한 전개를 통해 '태권도의 혼'을 느낄 수 있습니다. 1. 오프닝 2. 1 : 1 여성 부채 호신술 3. 1 : 1 동작 호신술 4. 기본 위력 격파 5. 여성 격파(3번 연속 돌려차기 후 돌개차기) 6. 후리기 4단계, 수직 4단계 7. 기본 고공 격파(손격파+사과 던져 공중몸돌아차기+발격파) 8. 뛰어 돌려차기 9. 뛰어 옆차기 10. 역회전 돌개차기 11. 앞차기 3단계 12. 측전 후 공중 몸돌아 앞차기 1단계 13. 장애물 딛고 돌려차기 14. 마지막 품새+장애물 딛고 뒤공중 몸돌아 앞차기
2부	17분	**태권도의 전설 (Legend of Taekwondo)** **[태권도의 신 마스터와 이를 시기한 신 두억서니가 대립하여 펼치는 공연]** 1. 주먹 격파(두억서니) 2. 돌려차기 3단계, 앞차기 3단계 3. 가위차기 4단계(두억서니) 4. 손 위력 격파(3세트), 발 위력 격파(3세트) 5. 손, 발 고공 격파(6세트) 6. 이동다방향 격파(두억서니) 7. 외발돌개차기, 540도 1단계, 공중몸돌아차기 2단계 8. 등 밟고 뛰어 앞차기 3단계(두억서니) 9. 역회전 돌개차기 1단계, 장애물딛고 돌려차기, 가슴딛고 돌려차기 10. 뛰어 돌려차기, 뛰어 후리기, 45도 몸돌아 돌려차기 격파 11. 측전 후 공중 몸돌아 앞차기, 측전 후 공중 비틀어 앞차기

		12. 공중 몸돌아 앞차기 1단계, 등밟고 공중 몸돌아 앞차기 13. 사과 던져 공중 몸돌아차기(3명) 15. 돌려차기 4단계, 이어 차기 4단계 16. 장애물 딛고 뒤 공중 비틀어 앞차기
3부	16분	**태권아리(Taekwon ARI : Dream of Taekwondo) [태권도의 아름다움을 표현 하는 공연]** 1. 발 품새 2. 9번 뒤후려차고 540°1단계, 9번 돌개차고 540°1단계격파 2. 여성 일렬 격파 3. 540° 3단계+장애물 역회전 돌개차기+장애물 딛고 앞차기 4. 손품새+체조+기본회전격파 5. 1:1호신술+1:2 여성호신술 6. 단체 회전 격파 7. 사과 던져 공중 몸돌아차기 8. 역회전 돌개차기 3단계, 돌려차기 5단계, 가위차기 5단계 9. 다 방향 격파 10. 눈 가리고 격파 11. 4명어깨밟고 뛰어앞차기+장애물딛고 공중몸 비틀어 앞차기 12. 손·발 품새+장애물 역 뒤공중 비틀어 앞차기, 장애물 딛고 공중 몸돌아 앞차기 2단계 13. 아리랑 품새 + 태극기

*국기원(2012b)

그는 태권도시범의 화려한 기술에 스토리를 가미하여 한층 진화된 태권도시범을 연출해냈다. 정통 태권도 기술에 공연예술의 재미와 스피드 한 전개를 가미시켜 '태권도의 혼(Soul of Taekwondo)'이라는 작품을 만들어낸 것이다. 또한, 대한태권도협회는 문화부문 종합 엔터테인먼트사로서 공연을 기획하고 제작하는 SR그룹과 협약을 맺어 '탈(TAL)'을 제작한 바 있다. 대한태권도협회의 의뢰를 받은 SR그룹이 국가대표시범공연단과 함께 공연을 제작한 것이다. SR그룹의 최소리 총감독은 한국의 대표적인 아리랑을 편곡, 여기에 인간의 갈등과 대결, 사랑과 증오 등 다양한 감정을 담아 이 태권도 공연작품을 제작했다(무카스, 2012. 04. 24).

이상과 같이 융성기의 태권도시범은 태권도 이외의 영역들과 접목되기 시작하여 다양한 양상을 띠게 되었을 뿐만 아니라 여러 요소가 융합된 크로스오버적인 성격을 갖게 되었다. 이처럼 태권도시범이 공연 예술로 변모하면서 대부분의 시범 공연은 주제를 갖게 되었다. 이 과정에서 시범은 기존의 입·퇴장 방식을 지양하고 그 전개가 끊어짐이 없이 논스톱(Nonstop)으로 진행되도록 프로그램을 조정하였다. 이를 통해 태권도시범은 관람객들에게 자연스럽게 클라이맥스(Climax) 효과를 느낄 수 있게 해주었다. 또한, 새롭게 개발된 태권도시범 프로그램은 과거의 격파 중심 프로그램과는 달리 주제에 따라 스토리가 전개되도록 짜여졌다. 즉 시범의 내용이 각본에 맞게 전개되도록 1막, 2막, 3막, 4막 등으로 구성됐다. 또한, 태권도시범이 공연예술로 변화하면서 시범의 연출자도 각 시범단의 단장, 감독, 코치, 트레이너, 주장 등에서 무대공연 연출 경험이 있는 전문가로 바뀌었다. 이러한 변화는 무엇보다 태권도시범이 공연예술로 새롭게 탈바꿈하는 과정에서 나타난 현상이라고 할 수 있다.

2. 시범의 내용

융성기 태권도시범의 기술은 태권도시범단의 양적인 증가로 인해 각 팀만의 특별한 기술을 선보이기 위해 시범기술을 연구함으로써 다양한 기술들이 개발되었을 뿐만 아니라 기술의 난이도 역시 더욱 높아졌다. 또한, 태권도시범이 공연이라는 새로운 장르의 예술행위로 탄생하면서 공연작품에 도입되어 시범기술은 더욱 화려하고 역동적으로 변화하였다. 이에 따라 태권도시범의 화려한 발차기를 이용한 격파기술은 독창적인 정통성을 가지게 되었고, 이러한 태권도시범의 격파기술은 또 하나의 상품으로 발전하였다. 그렇다면 융성기는 어떠한 내용의 기술들이 생겨나는지 살펴보도록 하자.

융성기에 시범기술은 1990년대보다 훨씬 복합적이면서 고난도의 기술로 발전하였다. 융성기에 새롭게 개발된 도약격파기술로는 돌려차기 5단계 격파, 가위차기 6~7단계 격파, 고공 5~6단계 격파 등이 개발되었다. 또한, 회전 격파기술로는 기존의 540도 회전격파에서 더욱 난이도가 높아져, 10회 연속 돌개 차고 540도 뒤 후려차기 격파 기술과 10회 연속 후려차고 540도 뒤 후려차기 격파, 그리고 기존의 540도 회전 발차기에서 발전하여 현재는 720도 돌개 차기 격파 및 900도 뒤 후려차기 격파와 같은 고난도의 기술들이 개발되어 더욱더 화려해지고 있다. 한편, 1990년대 540도 격파기술은 남성의 전유물이었다면, 융성기에는 여성이 540도 기술을 완벽하게 시연할 수 있게 되었다. <그림 47>은 9회 연속 돌개 차고 540도 격파 시범 장면이다.

*연합뉴스(2006. 09. 04)

<그림 47> 9회 연속 돌개 차고 540도 뒤 후려차기 격파 기술 장면

그리고 1990년대 장애물 격파기술로 사람의 신체를 딛거나 혹은 밟고 앞차는 격파기술이 선보였다면, 융성기에는 사람의 신체를 딛고 앞으로 향하면서 높이 있는 격파물을 격파하는 장애물 이단 앞차기 격파, 3~5명의 가슴이나 어깨를 밟으면서 충격이 가지 않게 가볍게 딛고 공중에서 이단 앞돌려 차기나 뒤 차기로 격파하는 3~5명 가슴 딛고 돌려차기, 어깨 밟고 앞차기, 또 사람의 가슴을 딛고 공중에서 역회전하면서 발차기하는 가슴 딛고 비틀어 공중 몸돌아 앞차기 격파기술이 개발되었다. <그림 48>은 장애물 딛고 이단 앞차기 격파 시범 장면과 장애물 딛고 공중 역회전 앞차기 격파 시범 장면이다.

*나채만 개인소장

<그림 48> 장애물 딛고 이단 앞차기 격파 시범 장면과 장애물 딛고 공중 역회전 앞차기 격파 시범 장면

다음으로 기존의 경기겨루기에서 착안하여 새롭게 개발된 기술로 움직임 4방향 격파기술이 있다. 움직이는 여러 방향의 이동 경로를 예측할 수 없는 격파물을 순간적으로 포착하여 발기술로 격파하는 시범으로 경기겨루기에서의 예측할 수 없는 움직임을 상상하여 만들어진 격파기술이다. 또한, 물체를 공중에 던져놓고 순간적으로 몸을 점프하여 뒤로 회전하면서 발로 격파물을 격파하는 투척 격파기술이 개발되었다.

한편, 1992년 태권도한마당대회를 시발점으로 2003년에 개최된 '세계무예대회(팀 대항)'와 2010년 대한태권도협회가 주최한 'KTA 태권도격파왕대회' 등을 비롯한 크고 작은 시범대회들의 개최로 시범격파기술에 관한 범주가 명확해지고, 세분화되었다.

먼저 시범기술의 범주는 크게 여섯 가지로 범주화되었다.

첫째, 한 번의 체공으로 손과 발을 이용하여 격파하는 기술들을 통틀어서 '뛰어 다방향 격파' 기술이라 한다.

둘째, 수직 축을 중심으로 한 번의 체공으로 발을 이용해 격파하는 기술들을 총칭해 '수직축 회전 격파' 기술이라고 한다.

셋째, 시설물을 사용하지 않고 최상의 높이에 있는 격파물을 수평축을 중심으로 한 번의 회전을 통해 격파하는 동작들을 '수평축 회전격파' 기술이라 한다.

넷째, 다양한 방향에서 움직이는 목표물을 난이도 있는 동작을 통해 격파하는 것 또는 동시 다발적이거나 차례로 격파하는 기술들을 '이동 다방향 격파' 기술이라 한다.

다섯째, 손과 발을 이용해 독창적인 방법으로 새롭게 창작된 격파기술을 '신기술 창작격파' 기술이라고 한다(국기원, 2012a).

여섯째, 사람이나 인공의 장애물을 이용하여 몸을 공중으로 도약하여 방향을 전환하거나, 몸을 회전하여 멀리 있거나 높은 위치에 있는 목표물을 타격하고, 눈을 가린 상태에서 머리 위나 칼끝에 있는 사과와 같은 작은 목표물을 청각으로 거리를 감지해 격파하는 형식의 시범기술을 '정밀 격파' 기술로 구분하고 있다.

이와 더불어 대한태권도협회에서 주최한 격파왕대회가 개최됨에 따라 시범기술들은 세분화되었고, 세분화된 시범기술들은 태권도시범의 기본기술로 정착하였다. 즉 시범을 전문적으로 보여주는 사람이라면 누구든 공통으로 할 줄 알아야 하는 기본항목이 되었다. 그 기본적인 기술로는 높이뛰어차기 격파, 멀리뛰어차기 격파, 체공 3단차기 격파(앞차기 3단계, 돌려차기 3단계, 옆차기 3단계, 가위차기 3단계 격파기술), 연속 뒤후려차기 격파, 체공회전 3단차기 격파, 뛰어 돌아 넘어 2단차기 격파, 투척물 격파 등이다(대한태권도협회, 2012). 그리고 이러한 기본기술들은 국기원시범단, 국가대표태권도시범공연단, WTF시범단 등에서 단원을 선발할 때 필수평가항목으로 기준을 정해놓고 선발하고 있다.

이와 같이 2000년대 개발된 시범격파기술들은 더욱 난이도가 높아져 높게 차고, 멀리 차고, 빠르게 차고, 많이 회전하고, 많이 차는 익스트림 마샬아츠(Extreme Martial Arts)와 같은 격파기술들은 겨루기, 품새와는 또 다른 시범만의 같은 독특한 발기술 문화를 만들어 내고 있다. 이렇듯 융성기에는 태권도시범이 널리 확산되고 대중화되면서 시범의 기술이 양적으로 많아지고 질적으로 향상되었을 뿐만 아니라 시범에 이용되는 시범기술은 일련의 변화가 나타났다고 할 수 있다.

제3절 요약

융성기에 해당하는 2000년부터 현재까지 태권도시범은 매우 빠른 속도로 확산하였다. 전국 시·도지부 태권도협회에 대표시범단이 창단되었으며, 각종 시범 관련 대회와 행사가 주기적으로 개최되었다. 또한, 태권도시범은 점점 더 태권도와 무관한 대규모 행사의 주요 부분이 되어갔다. 특히 해외기업과의 협약체결, 대학 신입생 오리엔테이션, 신입사원 연수 같은 행사에서 태권도시범은 한국무용과 함께 단골 메뉴가 되었다. 이처럼 융성기에 일어난 태권도시범의 특징이나 변화를 고찰한 결과는 다음과 같이 요약된다.

첫째, 2000년대 들어서 태권도를 소재로 한 공연작품들이 계속해서 발표되었고, 이에 대한 정부 차원의 재정지원도 계속해서 이어졌다. 대중과 정부가 태권도시범이 지닌 공연 예술적 가치를 인정한 것이다. 태권도시범은 이러한 과정을 거치면서 한국을 대표하는 문화상품으로 자리매김 되었다.

둘째, 태권도를 대표하는 단체 및 기관, 대학, 각 시도별 협회에 태권도시범단이 창단되었다. 또한, 개별 도장 차원에서도 시범단을 창단하는 예도 많아졌다. 여러 가지 이유에서 태권도시범단의 필요성이 증가한 것이다.

셋째, 태권도시범이 공연예술로 진화하면서 태권도시범은 태권도 이외의 영역들과 접목되기 시작했다. 즉 여러 장르와 융합된 크로스오버적인 성향의 태권도시범이 등장하기 시작한 것이다. 이렇게 태권도시범은 대중에 의해 행위예술의 한 형태로 인정받게 되었으며, 새로운 한류문화의 창달에도 이바지하게 되었다.

넷째, 융성기의 사회 상황과 사건들은 태권도시범의 형식과 내용을 대폭으로 변화시켰다. 즉 태권도시범이 공연예술로 변모하면서 모든 시범공연은 주제를 갖추게 되었으며, 주제 표현을 극대화하기 위해 다양한 소재와 무대예술 기법들이 도입되었고, 공연에 동원된 다른 요소들은 태권도시범 속에서 완벽한 조화를 이루게 되었다. 태권도시범공연이라는 새로운 장르의 행위예술이 탄생하게 된 것이다. 태권도시범기술은 이러한 과정을 거치면서 더욱 화려하고 역동적이 되어갔다. 더욱 높게 뛰고, 더욱 많이 회전하며, 더욱 많이 차는 익스트림 마샬아트(Extreme Martial Arts) 발기술은 이와 같은 공연 예술화 과정을 통해 탄생하게 된 것이다.

제8장

에필로그

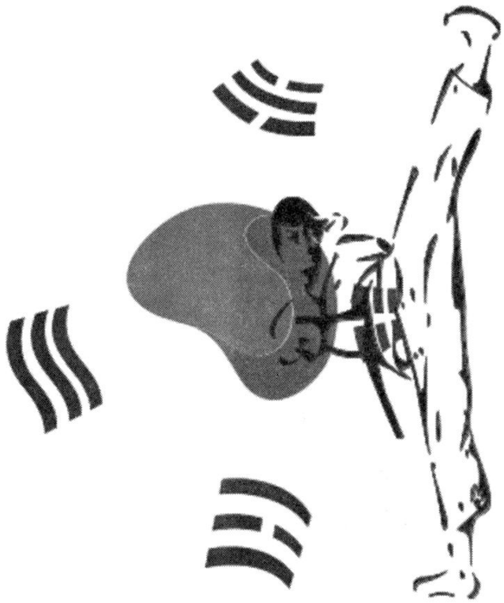

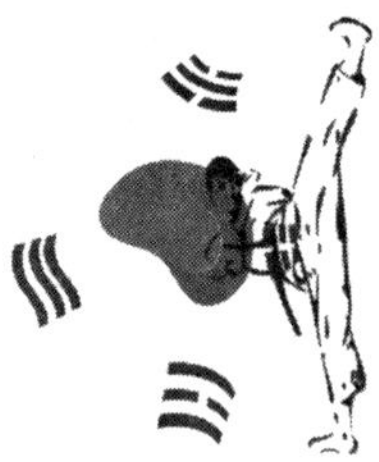

지금까지 제시한 연구결과를 통해 태권도시범이 광복 이후 태동기, 성장기, 도약기, 정착기, 융성기를 거치면서 한국을 대표하는 문화상품으로 발전하였다는 점을 명확하게 확인할 수 있었다. 이와 같은 태권도 시범의 변화는 시대별 사회 상황 및 사건들과의 상호작용 결과이다.

광복, 한국전쟁, 5.16, 경제개발, '86서울아시안게임과 '88서울올림픽대회 유치 및 개최, 경제적 부흥, 사회의 심미화 같은 사회 상황과 사건들은 태권도에도 적지 않은 영향을 미쳤다. 사회 상황이 변화하면서 도장들이 여러 분파로 갈라졌다가 하나로 통합되었고, 개인의 몸과 마음을 수련하는 방편이었던 태권도가 국가를 홍보하는 수단으로 활용되었으며, 이 과정에서 최홍희, 김운용과 같은 인물이 등장하여 태권도의 세계화를 주도했다. 이들의 노력으로 태권도의 독창적 특징들이 주목되었고, 국기원, ITF, WTF 같은 태권도조직들이 생겨났으며, 태권도는 실전성에 기반을 둔 무도에서 세계인이 즐기는 생활체육이자 스포츠경기로 변신하였고, 다시금 심미성을 추구하는 행위예술이자 공연예술로 진화하고 있다.

이와 같이 일련의 변화상황은 태권도시범에 고스란히 그 흔적을 남겼다. 광복 이후부터 1950년대까지 도장과 수련자의 실력을 과시하려는 방편으로 이용되었던 태권도시범은 1950년대 말 태권도교관단의 월남 파병을 기점으로 국가를 홍보하는 수단으로 조금씩 변모하기 시작했다. 이와 같은 목적의 변화는 1960년대까지 기술의 변화로까지 이어지지는 못했다. 그러나 1970년대에 태권도의 무도성을 강조했던 최홍희의 ITF 체재에서 스포츠성을 강조하는 김운용의 WTF 체재로 바뀌면서 시범 기술이 내용 면에서 점차 변화하기 시작했다. 특히 태권도 시범이 태권도를 올림픽대회 정식종목으로 만들기 위한 홍보수단으로 활용되면서 그 내용이 격파 위주에서 경기겨루기 발차기 위주로 바뀌기 시작했다. 아울러 '86서울아시안게임과 '88서울올림픽대회 개막식 공연을 계기로 태권도시범은 주제를 지닌 공연예술로 변모하기 시작했다. 1990년대 들어서면서 이규형이 국기원시범단을 이끌게 되고, 안학선이 사설 코리아타이거즈 시범단을 운영하게 되면서 태권도시범은 더욱 큰 폭으로 변화하게 된다.

오늘날 태권도시범은 더 이상 심신을 수련하고 실력을 과시하는 수단만이 아니며 태권도의 스포츠적 성격을 보여주는 홍보 수단만도 아니다. 이제 그것은 태권도의 위력과 기술적 탁월성, 정신적 깊이, 미적 특성, 예술적 성격, 한국문화의 특수성, 국제적 보편성을 추구하고 이것들을 다양한 방식으로 재현해내는 종합예술로 진화하고 있다. 태권도시범은 태권도의 세계화를 통해 한국을 세계화하는 데 크게 기여하는 한국의 대표적인 문화상품이 된 것이다.

이상에서 언급한 태권도시범의 진화는 태권도 이외의 이질적 요소들과 다양한 방식으로 접속하고 결합함으로써 가능했다. 문화란 대개 이질적인 요소의 포함을 통해 자아의 정체성을 공고히 하는 과정이다. 다시 말해 고유한 내적 구조를 지닌 문화는 환경으로부터 오는 외적 자극과 상호작용하면서 자신의 정체성을 형성해나간다. 태권도시범 역시 각종 사회 상황 및 사건들과 상호작용하면서 현재의 장면을 갖게 되었다.

이와 같은 과거 이해는 미래를 위해서도 많은 내용을 시사해준다. 따라서 지속가능한 태권도시범의 발전을 위해서는 시범을 둘러싸고 있는 환경의 변화에 대한 개방적 태도를 취할 필요가 있으며, 이질적 요소를 부단히 자기화하는 노력을 게을리 하지 말아야한다.

참고문헌

강영선 외(1988). **세계철학대사전.** 서울: 교육출판공사.

강원식, 이경명(1999). **태권도 현대사.** 서울: 보경문화사.

강원식, 이경명(2002). **우리 태권도의 역사.** 서울: 상아기획.

곽택용(2012). **태권도 시범의 공연예술로서 가능성 탐색.** 미간행 박사학위논문. 성균관대학교 대학원, 서울.

국기원(1992). **국기태권도교본.** 서울: 오성출판사.

국기원(1997). **世界跆拳道國伎院25年史(1972-1997).** 서울: 국기원.

국기원(2007). **3급 태권도 지도자 연수교재.** 서울: 광진사.

국기원(2012a). **2012세계태권도한마당 경연규칙.** 서울: 국기원.

국기원(2012b). **국기원시범단 시범프로그램.** 서울: 국기원.

김경지(1993). **태권도학개론.** 서울: 경운출판사.

김기동(2012). **세계태권도한마당의 변천과정.** 미간행 석사학위논문. 한국체육대학교 대학원, 서울.

김동규, 김기홍, 김용규(2004). 최홍희와 김운용의 태권도철학과 세계화 전략. **움직임의 철학 : 한국체육철학회지, 12**(2), 364-383.

김철(1997). **태권도의 구조적 탐구.** 전북: 원광대학교출판부.

김태상(2005). **대학생 태권도시범단원의 태권도 시범에 대한 인식.** 미간행 석사학위논문. 용인대학교 대학원, 경기도.

나채만(2007). **태권도의 전문화 과정에 관한 연구.** 미간행 석사학위논문. 계명대학교 교육대학원, 대구.

나채만(2012). 태권도시범 개념의 역사 및 사회적 이해. 한국체육학회, **체육의 날 50주년 기념 및 제93회 전국체육대회 기념, 제50회 한국체육학회**

학술발표회, 지역체육 발전과 정부의 역할(pp. 134). 서울: 한국체육 학회.

대한올림픽위원회(1986). **86아시아경기대회참가보고서.** 서울: 대한올림픽 위원회.

박진수(2012). **변화된 태권도 시범에서 나타나는 공연예술적 특성 분석.** 미간행 석사학위논문. 우석대학교 대학원, 전북.

사단법인 ITF 태권도협회(2008). **ITF 태권도 가이드 북.** 서울: 광림북하우스.

서성원(2009). **태권도 숲을 거닐다.** 서울: 상아기획.

서성원(2012). **태권도 뎐(傳).** 서울: 상아기획.

서울올림픽대회조직위원회(1988). **제24회 서울올림픽대회 개회식 책자.** 서울: 서울올림픽대회조직위원회.

세계태권도아카데미(2010). **태권도 기술.** 서울: 국기원.

송형석, 배영상, 이규형(2005). **태권도란 무엇인가?.** 대구: 이문출판사.

신창화(1993). **한국외교의 문화적 수단으로서 태권도에 관한 연구.** 미간행 석사학위논문. 연세대학교 행정대학원, 서울.

안용규(1998). **태권도 사관정립을 위한 연구.** 서울: 대한태권도협회.

양정현(2006). **공연제작.** 서울: 교보문고.

양진방(1986). **解放以後 韓國 跆拳道의 發展過程과 그 歷史的意義.** 미간행 석사학위논문. 서울대학교 대학원, 서울.

양현석(2004). 광복이후 요람기부터 성장기까지(1954-1979)태권도변천사. **한국체육사학회지. 14,** 23-34.

양현석(2006a). **광복 후 태권도 세계화의 변천과정.** 미간행 박사학위논문. 한국체육대학교 대학원, 서울.

양현석(2006b). 한국 태권도시범 변천사. **한국체육사학회지, 17,** 145-159.

윤인경(2005). **크로스오버 현상과 음악에 관한 소고.** 미간행 석사학위논문. 전북대학교 교육대학원, 전북.

이경명, 김철오(2004). **태권도 무예요해.** 서울: 상아기획.

이규형 인터뷰(2013). 2013년 2월 25일.

이규형(2001). 태권도 연무시범의 예술적 의미탐색과 철학적 고찰. **한국스포츠리서치, 12**(4), 393-404.

이인권(2009). **21세기 문화 창의력이 시대 예술의 공연 매니지먼트.** 서울: 어드북스.

이재봉(2003). 태권도 시범의 형식미 탐색. **한국체육학회지, 42**(3), 71-83.

이호성(2007). **한국무술 미 대륙 정복하다.** 경기도: 한국학술정보(주).

장권(2002). 태권도 연무 시범의 변천과정에 대한 고찰. **한국체육학회지, 41**(3), 159-167.

정재환, 김지혁, 곽택용(2012). 국가대표태권도시범단 명칭에 대한 정체성 연구. **움직임의 철학 : 한국체육철학회지, 20**(3), 1-12.

조명렬, 노희덕, 나영일(1996). **체육사.** 서울: 형설출판사.

최광근(2011). **태권도 세계화 전개 과정에서 본 태권도시범史.** 미간행 박사학위논문. 한국체육대학교 대학원, 서울.

최연구(2011). **문화콘텐츠란 무엇인가.** 경기도: 살림.

최영렬(1993). **태권도시범론.** 서울: 보경문화사.

최홍희(1973). **태권도 교서.** 서울: 정연사.

최홍희(1997). **태권도와 나 -1 수난의 땅 나의 조국.** 서울: 사람다움.

최홍희(2000). **태권도와 나 -2 망명의 꿈, 천하 도장.** 서울: 사람다움.

한창효(2000). **태권도 경기규칙 변천관정에 관한 고찰.** 미간행 석사학위논문. 용인대학교 대학원, 경기도.

허인욱(2008). **관(館)을 중심으로 살펴본 태권도 형성사.** 경기도: 한국학술정보(주).

황건수(2001). **88올림픽전·후 유도, 태권도, 검도의 스포츠화 과정에 관한 고찰.** 미간행 석사학위논문. 용인대학교 대학원, 경기도.

황기(1970). **수박도 대감.** 서울: 삼광출판사.

<웹 사이트>

국기원(2013). **540도 회전(1, 2, 3단계)격파 장면.**
네이버블로그(2009. 10. 21). **태권도 뮤지컬 타타인붓다.**
네이버지식백과(2013). **호흡.**
대한태권도협회(1971). **계간태권도. 제1호,** 창간사-축사.
대한태권도협회(1972a). **계간태권도. 제5호,** 세계로 뻗어나가는 태권도.
대한태권도협회(1972b). **계간태권도. 제6호,** 세계로 뻗어가는 한국의 태권도.
대한태권도협회(1973). **계간태권도. 제7, 8합본호,** 세계태권도 시찰기.
대한태권도협회(1974). **계간태권도. 제12호,** 종합격파에 대한 소고.
대한태권도협회(1975a). **계간태권도. 제14호,** 제1회 아시아태권도선수권대회.
대한태권도협회(1975b). **계간태권도. 제15호,** 태권도 연구-태권도 시범의 의의와 방법론.
대한태권도협회(1979). **계간태권도. 제30호,** 토막소식.
대한태권도협회(1983a). **계간태권도. 제45호,** 학교탐방 - 대한유도대학.
대한태권도협회(1983b). **계간태권도. 제46호,** 학교탐방-경희대학교 태권도학과.
대한태권도협회(1984). **계간태권도. 제51호,** 세계로 뻗어가는 태권도.
대한태권도협회(1986a). **계간태권도. 제57호,** 화보.
대한태권도협회(1986b). **계간태권도. 제58호,** [특집]'86아시안게임-영광스런 역사적 사명의 길을 간다 - 1.
대한태권도협회(1987a). **계간태권도. 제62호,** 경기 기행문-일본원정 태권도시범경기를 마치고.
대한태권도협회(1987b). **계간태권도. 제62호,** 태권도 뉴스.
대한태권도협회(1987c). **계간태권도. 제63호,** 화제의 인물 - 태권도 에어로빅 국내보급 나선 이종호, 최명자씨 부부.
대한태권도협회(1988a). **계간태권도. 제65호,** 회원수상2.
대한태권도협회(1988b). **계간태권도. 제66호,** [특집] 제24회 서울올림픽대회 태권도경기 총결산-태권도 기술의 정수와 무한한 가능성 보인 태권도 시범.
대한태권도협회(1988c). **계간태권도. 제67호,** 화보.
대한태권도협회(1991). **계간태권도. 제76호,** 대한체육과학대학 태권도 시범단 소련에서 태권도 시범 - 진중의.
대한태권도협회(1992). **계간태권도. 제83호,** 태권도 한마당'92.
대한태권도협회(1994). **계간태권도. 제88호,** 태권도 한마당'94.
대한태권도협회(1995). **계간태권도. 제94호,** 태권도 한마당'95, 2012년 12월 27일 인용.
대한태권도협회(1998a). **월간태권도. 제1호,** 화보.
대한태권도협회(1998b). **월간태권도. 제7호,** 시범단 순회-프랑스와 독일에서 태권도 시범.
대한태권도협회(2012). **2012대한태권도협회장배 격파경기규정 자료집.**
대한태권도협회(2013). http://www.koreataekwondo.org.
무카스(2008. 05. 15). **해외진출 원하는 태권도 사범, 러시아를 두드려라.**
무카스(2008. 10. 28). **뉴욕타임즈에 태권도 광고 게재.**
무카스(2009. 03. 23). **K-타이거즈, 2009년 아시아투어 나선다!.**
무카스(2009. 10. 28). **화려한 조명 속 '정관장배 KTA격파왕대회' 출발.**
무카스(2009. 12. 21). **세계태권도시범경연대회, 20개 시범단 본선진출 확정.**
무카스(2009. 12. 22). **'세계최고의 시범경연 축제'를 위한 첫 경연대회 개최.**

무카스(2010. 01. 25). [원로들의 이야기-박철희 편] '태권도 나의 길'(4부).

무카스(2011. 11. 29). [U-포터] 태권도 공연의 재발견…'황금띠의 전설' 발표.

무카스(2012. 04. 24). 유네스코에서 태권도 기합소리…외교사절 '탈'에 매료.

무카스(2012. 10. 17). 新 태권무술 판타지 '라인'…태권도원 무대공연 '대상' 수상.

무카스(2012. 11. 21). [기고] 태권도와 공연예술의 신선한 만남.

무카스(2012. 12. 27). K타이거즈, 대중과 호흡하는 태권도 문화공연 '활발'.

무카스(2013. 01. 17). 태권도 공연 최초…세종문화회관 첫 대극장 단독공연.

무카스(2013. 04. 05). 태권도와 타악의 만남…새로운 한류 콘텐츠 기대.

법제처(2013). 문화산업진흥 기본법.

서울톡톡(2007. 03. 22). 태권도 관광시대 개막.

연합뉴스(2006. 09. 04). 세계 태권도 품새대회.

이경명(2011). 태권도 용어정보사전, 태권도문화연구소.

일간스포츠(2012. 11. 19). 올림픽공원 태권도 공연장 'K-아트홀' 개관.

조선일보(1956. 07. 31). 태권도 청도관 주최. 연무식대회 성황.

조선일보(1965. 02. 17). 18개국에 태권사절단. 프랑스-이탈리아 등 3월부터 순방키로.

조선일보(1965. 04. 15). <램프안팎> 태권사범 金福萬씨. 말레이시아서 2년간 제자 천6백 명 길러내고 라만수상 총애도 받아.

조선일보(1967. 02. 14). 시범단 태국에. 주태미군 지도하러.

조선일보(1968. 11. 26). 싱가포르 태권사범에 李完鍾2단 보내.

코리언타이거즈(2013). http://www.ktigers.com.

태권24(2010. 03. 31). **[단독] "한국의 전통문화와 태권도 결합한 명품 관광 상품 운영한다".**

태권24(2010. 05. 06). **"국내외에 더욱 적극적으로 태권도 알리겠다".**

태권도신문(2006. 03. 13). **기획시리즈 UP 태권도<6> 태권도의 문화 가치 창출.**

태권도신문(2006. 03. 27). **WTF 태권도시범단 추진.**

태권도신문(2008. 05. 15). **KTA 시범공연단 공식 출범.**

태권도신문(2008. 06. 16). **태권예술단 '패밀리' 창단.**

태권도신문(2009. 12. 02). **공연문화로 발전하는 태권도.**

태권도신문(2012. 05. 07). **대한장애인태권도협회 국가대표시범단 창단.**

태권도진흥재단(2013). http://www.tpf.kr/.

태권도타임즈(2010. 03. 10). **태권도시범의 대부 이규형교수.**

한겨레신문(1996. 12. 14). **태권도 건강품새 개발추진.**

한국대학태권도연맹(2013). http://www.kutf.org.